Dirk Oschmann

Der Osten: eine westdeutsche Erfindung

Dirk Oschmann

Der Osten: eine westdeutsche Erfindung

Ullstein

Wir verpflichten uns zu Nachhaltigkeit

- Papiere aus nachhaltiger Waldwirtschaft und anderen kontrollierten Quellen
- Druckfarben auf pflanzlicher Basis
- ullstein.de/nachhaltigkeit

MIX
Papier
FSC FSC® C014496

ISBN 978-3-550-20234-6

16. Auflage 2023

Gesetzt aus der Cormorant Garamond
Satz und Repro: LVD GmbH, Berlin
Druck und Bindearbeiten: GGP Media GmbH, Pößneck
Printed in Germany

Eine Wahrheit kann durch Aufschreiben nicht verlieren.

Hegel

Alle verschwiegenen Wahrheiten werden giftig.

Nietzsche

Meinem Großvater

Oskar Fischer (Wölfis 1917–1995)

und meinem Doktorvater

Gottfried Willems (Biebernheim 1947 – Jena 2020)

zum Gedächtnis

Inhalt

Vorwort

Das vorliegende kleine Buch stellt die erweiterte Fassung eines Artikels zur innerdeutschen Gemengelage dar, den ich am 4. Februar 2022 unter dem Titel *Wie sich der Westen den Osten erfindet* in der *Frankfurter Allgemeinen Zeitung* veröffentlicht habe. Art und Fülle der öffentlichen und privaten Reaktionen lassen es geboten erscheinen, nicht nur die Argumentation zu ergänzen und zu präzisieren, sondern auch die Vor- und Nachgeschichte des Artikels zu beleuchten. Obendrein legen sie nahe, einer vereinzelt auftretenden Fehldeutung ausdrücklich und von vornherein zu widersprechen, nämlich dass ich einer spezifischen »Ost-Identität« das Wort reden würde: Das Gegenteil ist der Fall. Hier geht es, mit einem Wort des französischen Sozialphilosophen Jacques Rancière, um »Des-Identifizierung«. Darüber hinaus wurde dem Artikel gelegentlich ein »Mangel an Differenzierung« vorgeworfen. Differenzieren heißt hier aber nichts anderes, als den Wald vor lauter Bäumen nicht sehen zu wollen. Es ist freilich höchste Zeit, den Wald in Erinnerung zu rufen.

Das erscheint umso wichtiger, als es dabei um den krisenhaften Zustand der Demokratie selbst geht, ja um ihre Überlebenschancen in Deutschland. Wie schnell Demokratien massiv beschädigt werden können, war in den letzten Jahren leider schon in direkten Nachbarländern zu beobachten, von der weltweit wachsenden Zahl an Diktaturen ganz zu schweigen. Wenn in Deutschland über »Westen« und »Osten« nicht grundlegend anders geredet wird, vor allem aber wenn die seit über 30 Jahren bestehenden systematischen Ächtungen und radikalen politischen, wirtschaftlichen und sozialen Benachteiligungen des Ostens nicht aufhören, hat dieses Land keine Aussicht auf längerfristige gesellschaftliche Stabilität. Dafür muss man endlich verstehen, an welchem Punkt wir uns inzwischen befinden. Dieser Punkt soll hier scharf ins Auge gefasst werden. Dabei liegen die Dinge so klar auf der Hand, dass man sie nur einmal freimütig aussprechen muss. Im Grunde sage ich also nichts Neues. All das kann man wissen, wenn man es denn schon wissen wollte. Aber vielleicht gelingt es, manches *neu zu sagen* und in ein helleres Licht zu rücken.

Leipzig im November 2022
Dirk Oschmann

1.

Welche Geschichte wollen wir erzählen?

Jenseits der Kohlenbahnlinie, südöstlich eines
halb unbewohnten Dorfes, tief in der verwilderten Senke,
direkt an dem verkommenen Zaun begann das Gebiet,
welches Osten war, und man drang nicht ungestraft
in diese Gegend vor.

Wolfgang Hilbig, *Alte Abdeckerei*

Die Überlegungen dieses Buches sind in Form von Vorträgen, Gesprächsrunden und insbesondere in dem erwähnten *FAZ*-Artikel bereits verschiedentlich vorgetragen worden. Teile des Publikums fühlten sich offenbar beim Hören oder Lesen angegriffen und reagierten mit empörtem Aufschrei, weil sie aus den vermeintlichen Deutungsselbstverständlichkeiten, in denen sie sich bequem und ein für alle Mal eingerichtet hatten, verscheucht wurden. Damit war zu rechnen. Nicht zu rechnen war damit, dass manches seiner Intention entgegengesetzt aufgefasst wurde. Einem solchen Mangel an Klarheit und Deutlichkeit muss abgeholfen werden, um jede Art von Missverständnis auszuschließen. Dazu ist es nötig festzustellen, dass ich hier versuche, eine Zustandsbeschreibung der *Gegenwart*, des *gegenwärtigen*

Lebens zu liefern, aber natürlich im Rekurs auf diverse Vergangenheiten, ohne welche unsere Gegenwart gar nicht zu verstehen ist. Dabei fragt die Zustandsbeschreibung allerdings nicht in der vorherrschenden Manier nach dem vermeintlichen Problemfeld »Osten«, sondern in Umkehrung der Perspektive nach dem Problemfeld »Westen«, genauer nach der Art und Weise, wie der Westen den Osten wahrnimmt und diskursiv zurichtet. Im Rahmen dieser Rekonstruktion der auf Dauer gestellten *Zuschreibungsmechanismen* in Sachen »Osten« richtet sich das Erkenntnisinteresse dementsprechend auf Vorurteile, Stereotype, Ressentiments, Schematisierungen und andere diskursive Muster sowie auf die Folgen dieser Imagologie für das gesellschaftliche Zusammenleben in Deutschland.

Auch wenn es auf den ersten Blick so aussehen mag, wird mit diesem Lagebericht keine bloß innerdeutsche Nabelschau betrieben. Wer das glaubt unterstellen zu dürfen, verkennt den Ernst der Situation, verkennt vor allem, aus welchen Gründen sich immer mehr Menschen von der Demokratie abwenden, nicht nur im Osten, sondern auch im Westen und in der westlichen Welt insgesamt. Die deutsch-deutsche Situation ist nur ein spezifischer Fall aufgrund der politischen, historischen und räumlichen Vorbedingungen, ein Spezialfall der Globalisierungseffekte in den westlichen Gesellschaften. Der hier vorherrschende gesellschaftliche Konflikt zeigt sich insgesamt im Reichtums-, Macht- und Kommunikationsgefälle zwischen Westeuropa und Osteuropa, er zeigt sich aber ebenso in den USA, in England, Frankreich oder Italien auf ähnliche Weise: In den USA befinden sich die Küsten im Widerstreit mit dem *fly over country*, in England stehen die *anywheres* gegen die *somewheres* (David Goodhart), in Frankreich wiederum spielt der Stadt-Land-Unterschied eine zentrale Rolle und in Italien die altbekannte Ungleichheit zwischen Norden und Süden. Überhaupt scheint der Stadt-Land-Unterschied ein Hauptfaktor bei den gesellschaftlichen Spaltungsprozessen zu sein, auch in Deutschland, weil Politik vielfach nur für die gut ausgebildeten, deshalb mobilen und die Globalisierung vorantreibenden Eliten in den Großstädten gemacht wird,[1] während die anderen »auf dem platten Land« sich vergessen fühlen und deshalb Trump oder Le Pen gewählt oder für den Brexit gestimmt haben, wie Analysen des Wählerverhaltens zeigen. Das gilt auch für den deutschen Osten, wo die Großstädte Leipzig, Dresden und, wenn man es denn mitzählen will, Berlin eben keine AfD-Hochburgen werden konnten. Wo jedoch die Interessen großer Teile der Bevölkerung nicht mehr angemessen vertreten werden und wo diese sich in der gesellschaftlichen Diskurswirklichkeit nicht mehr adäquat repräsentiert finden, hat die Demokratie ein grundsätzliches Problem. Wenn Politik vielfach von Hochqualifizierten für Hochqualifizierte gemacht wird, hat das seinen Grund auch darin, dass beispielsweise im Bundestag der Anteil derjenigen, die kein Abitur oder keinen Studienabschluss haben, in den letzten Jahrzehnten bis auf ein Minimum gesunken ist.

Eine Zustandsbeschreibung vorzunehmen, heißt immer auch, eine Geschichte zu erzählen. Aber welche soll es sein? Die dominante, ausschließlich westdeutsch perspektivierte lautet, dass Deutschland im Gefolge des Zweiten Weltkriegs in BRD und DDR geteilt wurde, wobei die BRD »Deutschland« blieb, während die DDR als »Ostzone« oder einfach nur als »Zone« erschien. Nach dem Fall der Mauer 1989 ist die DDR dann der BRD nach Artikel 23 des Grundgesetzes »beigetreten« und firmiert seitdem im öffentlichen Raum in erster Linie als »Osten«, der »aufholen und sich normalisieren muss«. So präsentiert sich die öffentliche Version. In einer Anekdote, also einer mit sozialer Energie aufgeladenen *true story* aus dem Jahr 1992 sagt ein Westdeutscher zu einem Ostdeutschen, dem er die Frau »ausgespannt« hat: »Erst haben wir euch euer Land weggenommen, dann eure Arbeit, jetzt eure Frauen.« So wiederum stellt sich das in der privaten Version dar. Kürzer und schöner lässt sich Makrohistorie nicht in Mikrohistorie übersetzen.

Dass die deutsche Geschichte zwischen 1945 und 1990 eine im doppelten Sinne *geteilte Geschichte* war, leuchtet unmittelbar ein, wiewohl es viele überfordert, auch die DDR als Teil der gesamtdeutschen Geschichte zu begreifen. Nach der Wiedervereinigung aber hat sich nicht zuletzt aufgrund der manifesten West-Ost-Differenz die Teilung der Geschichte als geteilte Geschichte fortgesetzt. Dabei gilt die Geschichte der alten Bundesländer als repräsentative *Normalgeschichte* und *Norm-*

geschichte, während die Geschichte der neuen Bundesländer gleichsam als klapperndes Anhängsel lediglich nebenherläuft; sie gehören irgendwie dazu und auch wieder nicht. Soll dieser Zustand andauern oder kommen wir an den Punkt, eine zweifellos in sich disparate, aber doch gemeinsame Geschichte des Wiedervereinigungsprozesses zu erzählen? Von einem renommierten und vielleicht sogar wohlwollenden Zeithistoriker wurde ich darüber belehrt, dass es keineswegs eines solchen Meisternarrativs bedürfe und dass es völlig genüge, verschiedene kleine, heterogene Geschichten zu erzählen. Wie schön, dass wir alle Lyotard gelesen haben und postmodern geschult sind. Doch wie verhalten sich die angeblich vielen kleinen Geschichten zueinander? Doch keineswegs gleichberechtigt, weil sich eine der kleinen auf lange Sicht doch als große durchsetzt und man darauf wetten kann, dass sie nicht aus ostdeutscher Sicht geschrieben sein wird, nicht zuletzt weil es derzeit auf den universitären Lehrstühlen für Zeitgeschichte fast gar keine Professoren mit ostdeutscher Herkunft gibt. Dass wir, um uns selbst zu verstehen, Geschichte erzählen müssen, liegt auf der Hand. Aber wer darf die eine oder die vielen Geschichten erzählen? Und aus welchen Perspektiven? Wenn die in der Regel eben *westdeutschen* Historiker als zuständige Fachprofis für die Abweisung einer gemeinsamen Geschichte plädieren, bedeutet das auch, dass sich der Westen die Deutungshoheit unter keinen Umständen nehmen lassen oder auf eine andere Perspektive auch nur einlassen will. Ob der Osten sich dann wiederum seine eigene Geschichte erzählt, quasi am Katzentisch, ist egal, weil sie ohnehin nicht zählt, sofern sie überhaupt erzählt wird. Die innerdeutsch übersichtlich geteilte Geografie lädt offenbar zur bequem teilbaren und geteilten Geschichte ein. Wenn man aber nicht an den Punkt kommt, die *geteilte* Geschichte nach 1945 und mehr noch nach 1990 als *gemeinsame* Geschichte zu begreifen, wird man auf Dauer auch in Zukunft ein geteiltes Land bleiben. So setzt sich die Spaltung aus Vergangenheit und Gegenwart in die Zukunft fort.

Dabei möchte ich vorwegschicken, dass ich von Haus aus kein Politologe bin, kein Soziologe, kein Historiker, sondern Literaturwissenschaftler. Die Gegenstände, mit denen ich mich, von wenigen Ausnahmen abgesehen, befasse, gehören zur deutschen Literatur zwischen 1750 und 1933; meine Forschungsinteressen liegen folglich weitab vom Thema dieses Buches. Ich spreche hier als Laie, dessen Expertise lediglich darin besteht, seit Langem teilnehmender Beobachter zu sein. Das bedeutet auch, von mir auf eine Weise zu reden, in der sich Autobiografie und teilnehmende Beobachtung miteinander verbinden, wie man es aus der Ethnografie kennt. Dass dieses Verfahren, »die individuellen und kollektiven Flugbahnen« zu verbinden,[2] sehr erhellend sein kann, zeigen entsprechende Bücher von Soziologen, etwa von Pierre Bourdieu und Didier Eribon in Frankreich oder von Oskar Negt und Steffen Mau in Deutschland,[3] es zeigen auch neuere Autofiktionen wie die von Annie

Ernaux, Gerhard Neumann oder Christian Baron.[4] Mit Hegel kann man diese Verknüpfung von subjektiver Geschichte und sozialer Analyse noch philosophisch legitimieren, sofern er feststellt, dass man ganz *subjektiv* werden muss, um ganz *objektiv* werden zu können – denn am Besonderen kann das Allgemeine aufscheinen.

Vorwegschicken möchte ich außerdem, dass ich durchgängig von Osten und Westen rede, von Ostdeutschen und Westdeutschen, von NULL und EINS, von Schwarz und Weiß. *Tertium non datur*. Statt auf Differenzierung und Relativierung setze ich auf Zuspitzung, Schematisierung und personifizierende Kollektivsprechweise, damit etwas klar erkannt werden kann, was sonst bestenfalls unscharf, wenn nicht gar unsichtbar bleibt. Das Buch befasst sich mit unserer Gegenwart rund 30 Jahre nach dem Beitritt, nicht etwa mit der Situation Anfang der Neunzigerjahre. Aber natürlich sind zu dieser Zeit die entscheidenden Weichenstellungen vorgenommen worden, die unser Leben bis heute und auf lange Sicht prägen. Die Dinge heute sind so, weil sie so *geworden* sind, vor allem aber weil seither auf eine bestimmte Weise von hauptsächlich westdeutschen Männern *kommuniziert und entschieden worden* ist und weiterhin kommuniziert und entschieden wird.* Die Tragweite der damaligen Entscheidungen wird aber oft erst jetzt, in der Retrospektive, sichtbar, weil man,

* Nun wird man mir Birgit Breuel und Angela Merkel als Gegenbeispiele vorhalten wollen. Gerade diese völlig verschieden gelagerten Ausnahmen bestätigen die Regel.

einem Wort Sören Kierkegaards zufolge, zwar vorwärts leben muss, aber nur rückwärts verstehen kann. Aus westlicher Perspektive, das versteht sich, bilden die Zusammenstellungen OSTEN / NULL / SCHWARZ einerseits und WESTEN / EINS / WEIß andererseits die vermeintlich natürliche Ordnung der Dinge, denn aus dieser Perspektive ist der Osten nur laut, dunkel, primitiv, anders, der Westen hingegen wohlklingend, hell, kultiviert und selbstidentisch.

Ich verzichte demnach bewusst auf jede Art von Relativierung und Differenzierung. Die Kompromisslosigkeit dieser Entgegensetzung spiegelt nur die Gnadenlosigkeit dieser Unterscheidung, wie sie seit mindestens 30 Jahren, eigentlich aber seit 1945 den deutsch-deutschen Diskurs im öffentlichen Raum bestimmt; Christoph Hein nennt dies in einem neueren Buch den »letzten deutsch-deutschen Krieg«.[5] Um den Kontrast sofort anschaulich zu machen, zitiere ich zunächst den Juristen und Publizisten Arnulf Baring, der 1991 in einem Gespräch mit dem Verleger Wolf Jobst Siedler die Ostdeutschen so beschrieb: »Das Regime hat fast ein halbes Jahrhundert die Menschen verzwergt, ihre Erziehung, ihre Ausbildung verhunzt. Jeder sollte nur noch ein hirnloses Rädchen im Getriebe sein, ein willenloser Gehilfe. Ob sich heute einer dort Jurist nennt oder Ökonom, Pädagoge, Psychologe, Soziologe, selbst Arzt oder Ingenieur, das ist völlig egal. Sein Wissen ist auf weite Strecken völlig unbrauchbar. […] viele Menschen sind wegen ihrer fehlenden Fachkenntnisse nicht weiter verwendbar. Sie haben einfach nichts gelernt, was sie in eine freie Marktgesellschaft einbringen könnten.«[6] Offenbar für Aussagen wie diese hat Baring 2004 den *Europäischen Kulturpreis für Politik* und 2011 das *Große Bundesverdienstkreuz* erhalten. Der drohenden »Gefahr der Ver-Ostung« der BRD sei nur, so wiederum lässt Siedler sich vernehmen, durch eine von westdeutschen Beamten geführte »Kolonisten-Bewegung« zu begegnen: »Im Grunde müßte eine neue Ost-Siedlung stattfinden.«[7] Und weiter heißt es in dieser neokolonialen Handlungsanweisung, die inzwischen erfolgreich in die konkrete Realität unserer Gegenwart verwandelt worden ist: »Es handelt sich wirklich um eine langfristige Rekultivierung, eine Kolonisierungsaufgabe, eine neue Ostkolonisation.«[8] Hier schlägt auch Siedlers ungehemmte Bewunderung für das Dritte Reich durch, das ihm zufolge ja »ein außerordentlich moderner Staat [war], in vielerlei Hinsicht der modernste Staat Europas, wenn man das außermoralisch nimmt«.[9] Genau: außermoralisch. Dazu passt seine Behauptung, »daß man nach 1945 im Westen nur Hitler und seine Herrschaftsinstrumente, die Spitzen der Partei und der SS beiseite räumen mußte, und hinter all den Zerstörungen des Krieges kam eine wesentlich intakte Gesellschaft zum Vorschein«.[10] Wirklich großartig, so etwas kann man sich nicht ausdenken, aber man kann es offiziell und öffentlich belohnen: Siedler hat schon 1995 das *Große Bundesverdienstkreuz mit Stern* und 2002 den *Deutschen Nationalpreis* der *Deutschen Nationalstiftung* bekommen. Man sieht daran auch, wes Geistes Kind der Staat bis heute ist, der solchen Leuten höchste Anerkennung widerfahren lässt.

Abfällige Äußerungen dieser Art gehören keineswegs der Vergangenheit an, sondern setzen sich bis in die unmittelbare Gegenwart fort. So hat sich beispielsweise Armin Laschet, bis vor Kurzem Vorsitzender der CDU, noch 2016 in einer ARD-Sendung zu der Behauptung verstiegen, die DDR habe »die Köpfe der Menschen zerstört. [...] Ganze Landstriche haben nicht gelernt, Respekt vor anderen Menschen zu haben.«[11] Derart verächtlich hört sich einer an, der nicht nur eine gesamtdeutsche Volkspartei geleitet hat, sondern obendrein auch noch Kanzler werden wollte. Und dass die Wochenschrift *DIE ZEIT* seit über 10 Jahren die unsägliche Rubrik »Zeit im Osten« enthält – und zwar nur im Osten! –, unterstreicht das entschiedene Bestreben einer Sonderzonenberichterstattung, mit der die Spaltung zementiert wird.[12] Auf der privaten Ebene mag die Differenz zwischen Westen und Osten nur noch selten relevant sein oder gar keine Rolle mehr spielen. Aber öffentlich und allgemein bewusstseinsgeschichtlich hat sich an der Spaltung nichts geändert, genauer noch: gar nichts. Dabei begreift sich der Westen stets als *Norm* und sieht den Osten nur als Abweichung, als Abnormalität, Abnormität. Der Osten erscheint als Geschwür am Körper des Westens, das ihm dauerhaft Schmerzen bereitet und das er nicht wieder los wird. Darum stört es den westdeutschen Wohlfühl- und Diskurskonsens in der Regel besonders, wenn das Geschwür sich regt, weil jemand aus dem »Osten« spricht. Der Westen muss aber begreifen, dass er nicht die »Norm« ist und schon gar nicht »normal«, sondern dass er »Westen« ist und damit ebenso partikular und markiert wie alles andere auch![13]

Mehrfach bin ich gefragt worden, warum ich dieses Buch schreibe. Der *FAZ*-Artikel sei doch völlig ausreichend gewesen, überhaupt sei ich kein Repräsentant einer Gruppe und hätte es als jemand, der alles bekommen und durchweg von den Möglichkeiten profitiert habe, gar nicht nötig, mich in dieser Weise zu äußern. Darüber hinaus würden mich alle, die nicht denken können, und mehr noch alle, die nicht denken wollen, für einen »undankbaren Nestbeschmutzer« halten. Ich bin aber gar nicht undankbar, im Gegenteil, gegenüber Menschen, konkreten Menschen, realen Personen, die mir auf vielfältige Weise geholfen haben, ob sie nun aus dem Osten kommen, dem Westen, den USA, der Schweiz oder aus England, bin ich außerordentlich dankbar. So wie Hannah Arendt keine Völker oder Kollektive »geliebt« hat, sondern einzelne Menschen,[14] so bin ich einzelnen Menschen dankbar, beispielsweise meinem Doktorvater und langjährigen Chef Gottfried Willems,[15] und nicht irgendeinem Wirtschafts-, Polit- und Sozialsystem. Ich muss mich nicht dafür entschuldigen oder dankbar dafür zeigen, dass ich, wie jeder andere auch, die sich bietenden Lebensmöglichkeiten genutzt habe und nutze, dass ich damit die Demokratie beim Wort nehme, halbwegs Chancengleichheit zu bieten, eine Demokratie, an der ich durch mein Leben und Verhalten aktiv mitwirke, soweit es eben möglich ist. Die Art und Weise, wie der westdeutsche Diskurs über den »Osten« seit Langem läuft, wie er sich zudem immer stärker verengt und verfestigt, wie er in der Folge sich als das scheinbar Gewohnte förmlich *naturalisiert*, lässt es mehr als geboten erscheinen, eine dezidiert andere Perspektive darauf zu entwickeln. Auch das gehört zu meinem Demokratieverständnis. Und natürlich werde ich im Zuge dessen reflektieren, wie ich die Geschichte der letzten 30 Jahre erlebt habe.

2.

Anfänge:
Aller guten Dinge sind drei

Im Juni 2018 lädt mich Elisabeth Décultot, Humboldt-Professorin an der Universität Halle, zu einem »Vortrag zum Wandel der Germanistik unter veränderten politischen bzw. weltanschaulichen Vorzeichen« ein. Es sei ihre »Absicht, auch die Geschichte der Germanistik in der DDR in den Blick zu nehmen und dabei, möglichst unbefangen, danach zu fragen, wie Politik das Denken über Sprache und Literatur bestimmt. Es würde uns sehr reizen, mit Ihnen über diese Frage ins Gespräch zu kommen. Denn wie nur sehr wenigen Kolleginnen und Kollegen wäre es Ihnen wohl möglich, Veränderungen in den Etappen 1980/1990/2000 zu analysieren und eine solche Analyse mit einer wissenschaftshistorischen Reflexion zu verbinden.« Die per E-Mail ergangene Einladung ehrt mich sehr und versetzt mich zugleich in Schrecken, weil ich mich bei dieser Aufgabe auch als Privatperson mit meinem ganzen autobiografischen Hintergrund verwickelt fühle. Worauf würde ich mich damit einlassen? Woran würde ich rühren? Was würde ich innerlich und äußerlich aufwühlen? Ich fühle mich unwohl und schlicht überfordert und sage mit der Begründung ab, »nicht neutral über diese Dinge sprechen« zu können.

Ein halbes Jahr später kommt die zweite Anfrage, wieder aus Halle, diesmal von Daniel Fulda, Professor für Germanistik und seinerzeit Direktor des IZEA, des Internationalen Zentrums für die Erforschung der Europäischen Aufklärung. Er lädt mich zu einer Podiumsdiskussion an der Universität Halle ein, in der es um die Transformationen an den Universitäten im Osten in den frühen Neunzigerjahren gehen soll. Ich habe von 1986 bis 1992 in Jena Germanistik, Anglistik und Amerikanistik auf Lehramt studiert und folglich die damaligen Veränderungen als Student aus nächster Nähe erlebt. Darüber zu sprechen, heißt notwendigerweise auch, mich in die Rolle eines Zeitzeugen hineinfinden zu müssen. Aber nicht die Zeitzeugenschaft allein ist bei der Anfrage von Interesse, sondern dass ich einer der wenigen aus dem Osten bin, die später eine Professur im Fach bekommen haben; meine heutige akademische Position gilt folglich als entscheidender Aspekt. Diesmal folge ich dem freundlichen Drängen, weil ich die Virulenz und Bedeutung der Thematik mehr und mehr zu verstehen beginne. Und ich verstehe vor allem, dass ich die vielen deutsch-deutschen Fehlentwicklungen nicht ernsthaft kritisch betrachten kann, wenn ich mich nicht zugleich zu öffentlicher Stellungnahme da entschließe, wo ich darum gebeten werde – das ist ja der eigentliche Punkt: die *Öffentlichkeit*. In abstrakter, theoretischer und historiografischer

Hinsicht war mir der Wert der modernen Öffentlichkeit, wie er sich im 18. Jahrhundert konstituiert, längst klar und präsent, unter anderem durch die kanonischen Studien von Jürgen Habermas. Aber jetzt habe ich auf andere Weise, geradezu leibhaft existenziell, begriffen, was Kant meint, wenn er *Öffentlichkeit als Bedingung von Gerechtigkeit* fasst. Denn um *Gerechtigkeit* geht es hier. Neben der Freiheit ist das der für mich wichtigste Wert. Und ein weiterer Punkt gehört aus einer radikal diskurs- und gesellschaftspolitischen Perspektive dazu: Auch Wahrheit gibt es nur öffentlich – oder sie ist keine. Will ich also etwas zur Gerechtigkeit beitragen, muss ich mich öffentlich artikulieren. Dazu später mehr.

In der Diskussion in Halle[16] rückt dann auch die Gegenwart in den Fokus, wobei die Frage aufkommt, warum in der Germanistischen Literaturwissenschaft so wenig Leute aus dem Osten höhere Qualifikationen wie Promotion oder Habilitation anstreben, ein Phänomen, das es meiner Kenntnis nach auch in anderen Geisteswissenschaften gibt. Nun dürfte man einem beliebten Vorurteil gemäß vermuten, »die Ossis« seien zu dumm dazu, wobei man selbstverständlich »dumm« zwar denken, aber vielleicht nicht sagen würde, weil es sich doch irgendwie nicht gehört; man würde andere Wörter verwenden, Verbrämungen, Euphemismen oder Synonyme. Mir aber erscheinen andere Begründungen überzeugender, etwa dass eine Promotion finanziert werden muss, wenn nicht durch Stipendium oder Ähnliches, dann durch die Eltern. Dafür ist aber im Osten in der Regel das Kapital nicht vorhanden und deshalb verständlicherweise auch selten die Einsicht, warum man nach dem Studium nicht sofort beginnt, sein eigenes Geld zu verdienen. Viele der Germanistikstudenten aus dem Osten streben deshalb das Lehramt an, um nach dem Studium eine gewisse ökonomische Sicherheit zu erlangen, die außerhalb der Lehramtsstudiengänge aufgrund der zynisch vorangetriebenen Prekarisierung vieler Berufsfelder kaum zu erwarten ist. Und dann ist als weiterer Grund der Umstand einzubeziehen, dass auf Ebene der Professoren kaum Vorbilder existieren, an denen man sich orientieren könnte. So tritt die Möglichkeit, selbst eine Professur anzustreben, nur vereinzelt ins Bewusstsein, weil es an *role models* aus dem Osten mangelt. Auf diese Weise perpetuiert sich das Problem. Die Leute sind nicht dümmer, sondern glauben aus Mangel an Zutrauen nicht an ihre Chance, sofern sie nicht von vornherein gar keine haben. Oder sie entscheiden sich gleich für ein anderes Fach. Anders gesagt: Die Lebensklugen aus dem Osten studieren nicht Germanistik.

Die dritte Einladung dieser Art kommt Anfang 2021. Eine aus Hamburg stammende befreundete Kollegin, die seit Jahren in Leipzig lebt und arbeitet, fragt mich, ob ich nicht in der kurz zuvor neu gegründeten gesellschaftspolitischen Veranstaltungsreihe »Perspektiven-DurchDenken. Leipziger Wissenschaftsdialoge« sprechen und erklären möchte, dass und wie und warum »der Osten die Gesellschaft spaltet«. Wir sind schon lange befreundet; Ost und West war immer wieder Thema zwischen uns beiden, mal kopfschüttelnd, mal ernst, meist ironisch. Wir tauschten Erfahrungen, Einschätzungen und Beobachtungen aus und waren und sind uns in vielen Hinsichten einig, auch weil wir zur selben Generation gehören, uns akademisch in vergleichbaren Positionen befinden und jeweils Familie mit Kindern haben. Es gibt folglich etliche Überschneidungen in unserem Lebensalltag. Darum war es durchaus naheliegend, mich hier zum Vortrag einzuladen, zumal die Reihe vom Institut für Germanistik ins Leben gerufen worden war. Mit der Einladung drückte sich zugleich die Überzeugung aus, auch Germanisten mögen relevante Reflexionen zur aktuellen gesellschaftlichen Lage beizutragen haben.

Überraschend an der Einladung waren jedoch zwei Dinge: erstens dass ich im Unterschied zu den bisherigen Referenten auf ein Thema festgelegt wurde, während sich alle anderen ihr eigenes hatten aussuchen können, und zweitens, dass mir auch gleich noch die zu erläuternde These präsentiert wurde. Folglich bin ich eben nicht einfach als Kollege, Germanist und näherhin Literaturwissenschaftler eingeladen worden, sondern ich bin explizit eingeladen worden, um über »Ostidentität« zu sprechen, weil ich ja aus dem »Osten«, nämlich aus Thüringen, komme. Zwar sei ich grundsätzlich »frei« bei der Wahl des Themas, aber es wäre doch schön, wenn gerade ich mich dieses »brandaktuellen Querschnittsthemas«, wie es in der Einladung hieß, annehmen könnte. Der Osten kommt zu Wort, wenn es um den Osten geht, und es wird ihm auch noch mitgeteilt, wie er am besten darüber zu sprechen hat. Ich bat mir einige Tage Bedenkzeit aus, in denen mir die Tragweite des Ganzen zu Bewusstsein kam und sich als Schock tief in mich einsenkte. Zugleich fühlte ich angesichts der Ungeheuerlichkeit der These, der Osten spalte die Gesellschaft, einen gewaltigen Zorn in mir aufsteigen, einer These, die meiner Kollegin ja nicht einfach unterlaufen ist, sondern eine Art westdeutschen Konsens darstellt, wie ihn auch der Titel von Michael Kraskes 2020 publiziertem Buch exponiert: *Der Riss. Wie die Radikalisierung im Osten unser Zusammenleben zerstört*.

Nach kurzem Zögern entschloss ich mich zu einer Zusage. Sie begründete sich aus der Konzeption der Vortragsreihe ebenso wie aus der Virulenz der Suggestion, dass eine Art »Ost-Identität« für die wachsende gesellschaftliche Spaltung mitverantwortlich sei. Die Zusage begründet sich aber auch aus der Tatsache, dass ich in den letzten drei, vier Jahren immer wieder von unterschiedlichen Seiten, von Jüngeren, Gleichaltrigen und Älteren sowohl aus dem Osten als auch aus dem Westen gedrängt worden bin, mich *öffentlich* zu diesem Thema zu äußern. Denn der öffentliche Raum als ökonomischer, medialer und diskursiver Raum ist nicht nur komplett in westdeutscher Hand, sondern normalerweise auch vollständig von westdeutschen Perspektiven beherrscht;[17] genau aus diesem Grund hat man sich in Sachsen-Anhalt kürzlich geweigert, einer Erhöhung der Rundfunk- und Fernsehgebühren zuzustimmen. Wenn man folglich als weithin zum Schweigen bestimmter Ostdeutscher Gelegenheit zu öffentlicher Stellungnahme erhält, sollte man sie auch ergreifen und nicht dem Westen die Deutungshoheit über den Osten überlassen, obgleich wir bereits seit der Antike wissen, dass Geschichte ohnehin immer Geschichte der Sieger ist.

Mit der Zusage war mir freilich von Anfang an klar, dass ich *naturgemäß* genau das Gegenteil machen würde, nämlich nicht über den Osten zu sprechen, sondern über den Westen und über die Art und Weise, wie er den Diskurs über den Osten führt: zynisch, herablassend, selbstgefällig, ahistorisch und selbstgerecht. Es sollte folglich um die Rekonstruktion dessen gehen, was Klaus Wolfram treffend das »›Selbstgespräch‹ des Westens über den Osten« genannt hat.[18] Auch das Datum war rasch gefunden. Da die Vorträge immer donnerstags stattfinden und der 17. Juni 2021 noch frei war, entschied ich mich für dieses Datum. Man kann das für Zufall halten oder für eine Provokation. Ich halte es für eine willkommene sinnige Fügung, deren abgründige Pointe ich mir nicht entgehen lassen wollte. Den Vortrag im Umfang von 20 Seiten habe ich innerhalb von einer Woche geschrieben, so schnell wie noch keinen anderen Text zuvor. Es war alles da und wartete nur auf die Niederschrift. Diese war eine Erfahrung ganz eigener Art, nicht nur eine intellektuelle, sondern eine psychische ebenso wie eine physische. In den ersten drei Tagen bin ich am ganzen Körper zitternd vom Schreibtisch aufgestanden. Als würden sich 30 Jahre individuelle und kollektive Erfahrung aus mir herausschütteln: Bei all dem Positiven, das ich sehe und selbst vielfach erfahren habe, ist es eben auch eine dreißigjährige Geschichte individueller und kollektiver Diffamierung, Diskreditierung, Verhöhnung und eiskalter Ausbootung. Sollte ich bisher nicht an den Poststrukturalismus geglaubt haben, war jetzt die Gelegenheit dazu, in der Erfahrung, dass der Körper nur Umschlag- und Durchgangsstation für gesellschaftliche Diskurse sein kann.

Dabei will ich die Frage, was eigentlich »Ost-Identität« sei, gar nicht beantworten, lediglich skizzieren, *was es bedeutet*, von der Politik und den großen überregionalen Medien, also von den öffentlichen deutschen Eliten, *die natürlich westdeutsche Eliten* sind, *eine solche auferlegt zu bekommen*. Anders gesagt: Ich werde nicht den Osten erklären, sondern den Westen, der sich anmaßt, den Osten identitätspolitisch zu interpretieren und dabei faktisch zu isolieren. In Umkehrung eines neuerdings beliebten journalistischen Formats könnte der Titel meines Textes folglich heißen: »So tickt der Westen«.

Die notorische *SPIEGEL*-Nummer 35 vom 24. August 2019: »So isser, der Ossi. Klischee und Wirklichkeit: Wie der Osten tickt – und warum er anders wählt« bringt schon mit dem Cover die gesamte Maschinerie der Herabwürdigung und Häme in Gang – pünktlich

30 Jahre nach dem Fall der Mauer – und steht exemplarisch für die maximale kommunikative Asymmetrie zwischen West und Ost, für die unangefochtene Diskursherrschaft des Westens und für *den systematischen, medial forcierten Totalausschluss des Ostens aus der Gesamtgesellschaft*, sofern der Osten komplett als fremdes, abnormes und peinliches Element markiert wird. Eines der meistgelesenen Magazine nutzt hier seine volle Medienmacht, um rund *18 Prozent* der Bevölkerung zu verleumden: vom Westen aus und für ein westdeutsches Publikum, das hier gegebenenfalls seine Vorurteile bestätigt finden kann – *und soll*, denn was ostdeutsche Leser davon halten könnten, interessiert natürlich keinen, obwohl es auf der Hand liegt. *But who cares?* Das ist nichts weiter als gezielter Macht- und Medienmissbrauch. Hat man das Cover gesehen, wird der Text sofort zur Nebensache; was immer da stehen könnte, interessiert nicht mehr. Das Cover aber bleibt ein für alle Mal im Gedächtnis, denn es brennt sich ein, bis alle Hirnfasern schwarz und verkohlt sind:

Auf drei Aspekte des Covers möchte ich noch eigens die Aufmerksamkeit lenken. Erstens auf das Verb »ticken«, das im allgemeinen Sprachgebrauch ja selten etwas Positives erwarten lässt. Entweder jemand »tickt nicht ganz richtig« oder eine Zeitbombe »tickt«. Beide Varianten werden hier mobilisiert, um nahezulegen, dass der Osten erstens nur als pathologische Abweichung wahrzunehmen und folgerichtig zweitens als hochgradig gefährlich einzustufen ist. Dann fällt auf, dass wieder, wie im Grunde seit über 30 Jahren, nur die *männliche* Version thematisiert wird: *der* Ossi. Verklemmt soll er sein, verdruckst, schwach, feige, hässlich, dumm, faul, unartikuliert, verhaltensauffällig, radikal, unfähig, fremdenfeindlich, chauvinistisch und *natürlich* ein Nazi. In der Regel, und so auch hier, sind es gut etablierte »Westmänner«, die sich über das Hauptfeindbild »Ostmänner« in dieser Weise öffentlich und ungestraft lustig machen. Von wenigen neueren Ausnahmen abgesehen, haben sie die Macht und besetzen die relevanten Positionen in Politik, Wirtschaft, Medien, Justiz, Wissenschaft, Militär und so weiter, also in allen gesellschaftlichen Teilbereichen. Inzwischen gibt es sogar Separatpublikationen, mit denen die vermeintlich kranken und krankhaften ostdeutschen Männer eigens thematisiert werden wie zum Beispiel *Problemzone Ostmann?* (Stuttgart 2021), während die ostdeutschen Frauen tendenziell eher gefeiert werden, weil sie nicht nur erfolgreich im wiedervereinigten Deutschland angekommen sind, sondern es obendrein prägen und verändern, auch über Angela Merkel hinaus. Entsprechend lauten analoge Buchtitel *Unerhörte Ostfrauen* (Stuttgart 2019) oder *Ostfrauen verändern die Republik* (Berlin 2019).

Die Frage, warum die inzwischen mythisch überhöhten Frauen aus dem Osten die Umbrüche nach 1989 in der Regel besser als die Männer bewältigt haben, lässt eine Reihe von Antworten zu. Sie waren bereits im

Osten gut ausgebildet und, im Unterschied zu vielen Westfrauen, fast komplett berufstätig, dadurch finanziell unabhängig und selbstständig, obendrein gewohnt, sich »nebenher« noch um die Familie zu kümmern und gegebenenfalls Pflegedienste zu übernehmen, hatten also lernen müssen, eine effiziente, selbstbewusste Pragmatik zu entwickeln, die ihnen nach 1989 als stabile Grundlage für Neues dienen konnte. Sie haben sich nicht einschüchtern oder gar, im Wortsinne, »domestizieren« lassen. Hinzu kam die seither stark wachsende Frauenförderung, auch wenn die Ostfrauen schockiert zur Kenntnis nehmen mussten, dass nun das patriarchale Relikt des § 218 plötzlich wieder für sie galt. Und natürlich wurden sie im Westen zugleich geschätzt, wenngleich zunächst oft *unter*schätzt, wie Angela Merkel als bestes Beispiel belegt. Das gereichte ihnen zum Vorteil, weil sie nicht unmittelbar als primäre Konkurrenz wahrgenommen wurden. Auch der Heiratsmarkt spielt eine Rolle, der übrigens nicht umsonst »Markt« heißt, weil es durchaus um handfeste finanzielle Interessen geht, nicht nur um »Liebe«: Die Prozentzahl der Westdeutschen, die eine Ostdeutsche geheiratet haben, liegt um ein Vielfaches höher als der umgekehrte Fall. Den Männern aus dem Osten mangelt es schlicht an Position, Vermögen und Karriereaussichten.

Es zeigen sich demnach viele Konfliktlinien, die zwischen West und Ost, zwischen den Generationen, zwischen den Geschlechtern, vor allem aber zwischen den etablierten »Westmännern« einerseits und den sozial und diskursiv dislozierten »Ostmännern« andererseits verlaufen. Kaum eine gesellschaftliche Gruppe ist nach 1990 so benachteiligt worden wie ostdeutsche Männer. In einem Vortrag vom April 2022 an der Universität Konstanz hat der Soziologe Steffen Mau darauf hingewiesen, dass von dieser kontinuierlichen Benachteiligung nicht nur, wie länger schon bekannt, die männlichen Jahrgänge der zwischen 1945 und 1975 im Osten Geborenen betroffen sind, sondern dass sich diese Form der gesellschaftlichen Ausgrenzung auch auf die *bis 1990* dort geborenen Männer erstreckt und dass hierdurch »das Problem« auf Dauer gestellt ist![19] Man grenzt diese Männer seit über 30 Jahren systematisch aus, indem man ihnen die Selbstentfaltungschancen nimmt, man verhöhnt sie, macht sie lächerlich und demütigt sie in jeder denkbaren Weise, ja man nimmt ihnen ihre *Würde*, und anschließend wundert man sich, dass diese Männer eine »Problemzone« bilden?! Erst fabriziert man das Problem, dann stellt man überrascht fest, dass es eines ist.

Aber zurück zu diesem gleichermaßen wirkmächtigen wie niederträchtigen Cover und damit zum dritten wichtigen Aspekt, dem sogenannten schwarzrotgoldenen »Anglerhütchen«. Was es zu verstehen geben soll, steht außer Frage. Es dient, kurz gesagt, als Sinnbild für Nationalismus, provinzielle Beschränktheit, Primitivität und obendrein für billigen, schlechten Geschmack. Darauf werden ostdeutsche Männer festgelegt.[20]

All diese Aspekte zusammen, das Krankhafte, das

Unzurechnungsfähige und das Geschmacklose, kulminieren dann in der einzig »logischen Konsequenz«: dem vom Westen – als »natürlicher« Norm – abweichenden Wahlverhalten, wobei »natürlich« suggeriert wird, dass hier mindestens AfD gewählt wird, wenn nicht Schlimmeres, auf jeden Fall die Nazis. Das ist die Grundtendenz der medialen Zurichtung des Ostens im gesamtdeutschen als einem ausschließlich westdeutsch geführten Diskurs. Das völlig einfalls- und witzlose Coverbild der Satire-Zeitschrift *Titanic* vom November 2022 – »Rezessionsangst in Deutschland: nackt, arm, rechts – Sind wir bald alle Ossis?« bestätigt das noch einmal ganz unmittelbar.[21]

Dass es sich hierbei um Paradebeispiele handelt, welche nicht als bloß übliche Darstellungsformen des *SPIEGELs* oder der *Titanic* abgetan werden können, zeigt sich in der Strategie der öffentlich-rechtlichen Medien, permanent in dasselbe Horn zu stoßen. Das zur ARD gehörige hr-Fernsehen beispielsweise hat ebenfalls 2019 eine noch auf YouTube zu besichtigende »Dokumentation« unter dem Titel »Frustriert und rechts!? Wie ticken die Ossis?« veröffentlicht.[22] Auch hier lässt schon der Titel nichts zu wünschen übrig, und auch das »Ticken« ist wieder da. Da wird gleich zu Beginn vom verantwortlichen Journalisten das ganze Arsenal aufgefahren. Denn wie im Kalten Krieg ist vom »Osten« die Rede, von der »DDR« und gar von der »Zone« – *im Präsens*! Und ganz klar geht es um nichts anderes als um die Diffamierung eines ganzen geschichtlich-geografischen Raums und seiner Bevölkerung mit genau einem Tenor: *alles Nazis*. Weder vom Raum noch von der Geschichte noch gar von der Gesellschaft weiß dieser Journalist irgendetwas, im Gegenteil dient seine mit öffentlich-rechtlichen Geldern finanzierte kleine Dienstfahrt von Hessen nach Thüringen nichts anderem als der Bestätigung seiner Vorurteile, die sich in jeder seiner von Dummheit, Naivität und Unkenntnis strotzenden Suggestivfragen Bahn brechen. Ein erbärmliches Schauspiel und zugleich ein Tiefpunkt sogenannter journalistischer Arbeit.

Ob ich den *SPIEGEL* kaufe, kann ich mir überlegen, auch ob ich, was ich tatsächlich tue, jeden Tag Nachrichten auf *SPIEGEL ONLINE* lese, kann ich frei entscheiden. Aber dass ich mit meinen Rundfunk- und Fernsehgebühren etwas mich und eine große gesellschaftliche Gruppe in Verruf Bringendes finanzieren muss, damit es unter dem Dach eines öffentlich-rechtlichen Senders gezeigt werden kann, will mir kaum einleuchten.

Als der Vortragstermin näher rückt, soll der Vortrag wie gewohnt mit einem Plakat öffentlich angekündigt werden. Die Organisatoren der Reihe, eine gemischte Ost-West-Gruppe, entwerfen das folgende Plakat und stellen es online, ohne Rücksprache mit mir genommen zu haben. Ich zeige es hier mit ihrem Einverständnis, da es auf bezeichnende Weise, so wie das *SPIEGEL*-Cover und das meiste andere, die Schieflage des Diskurses veranschaulicht:[23]

Als ich es mitgeteilt bekomme, kann ich nicht glauben, was ich sehe. Das also fällt selbst klugen Leuten als Erstes zum Thema Osten ein: Sachsen, Kommunismus und Rechtsextremismus. Leuten, die, wie erwähnt, zugleich aus West und Ost stammen. Es ist trostlos. Bei den einen wird das gewohnte und bequeme Stereotyp aufgerufen, bei den anderen erscheint es als Form des passiven Sich-Fügens in ebendieses Stereotyp. Lässt sich nichts anderes mehr denken und sagen? Sind die Bahnen der Argumentation so unwiderruflich festgefahren? Die Germanistin Sandra Kerschbaumer hat auf meinen Artikel in der *FAZ* mit einem Text unter dem Titel »Die Bilder der Anderen« geantwortet.[24] Das ist ein »Bild der Anderen«. Ich bin begeistert angesichts der sich mir bietenden Aussicht, auf das Thema festgelegt worden zu sein und zugleich auf die Art und Weise seiner Verhandlung. Nach einer Intervention meinerseits wird ein neues Plakat ohne Bildelemente erstellt und veröffentlicht. Der Corona-Bestimmungen wegen halte ich den Vortrag digital über Zoom und habe von der ersten Minute an das Gefühl, das Richtige zu tun. Die anfänglichen Zweifel sind verflogen.

Im Nachgang bereden mich Freunde und Kollegen, das Skript zu veröffentlichen. Diesmal zögere ich länger. Will ich mir das antun? Was würde mich sowohl beruflich als auch privat erwarten? Und welcher Publikationsort käme überhaupt in Frage. Der *Merkur*? Der *Freitag*? Die *ZEIT*? Ein alter Freund und Kollege aus Oxford bietet an, es in den *Oxford German Studies* zu bringen, falls es in Deutschland nicht gedruckt werden sollte. Ich schiebe die Entscheidung vor mir her, obwohl die Dringlichkeit des Themas auf der Hand liegt, wie mir die Reaktionen auf den Vortrag deutlich gezeigt haben. Dann konstituiert sich im Spätherbst 2021 die neue Bundesregierung und hat nichts Besseres zu tun, als wieder einen »Ostbeauftragten« zu installieren; auf Marco

Wanderwitz folgt Carsten Schneider. Dergestalt wird nahtlos an den Paternalismus der Vorgänger-Regierung angeschlossen. Dabei geht es gar nicht um die Personen, sondern um die Existenz und Symbolik des Postens selbst. Diese besagen nichts anderes, als dass der »Osten« als besorgniserregende »Sonderzone« wahrgenommen wird, die einer »Sonderbehandlung« bedarf. Wer spaltet da wen? Wer trennt das Land offiziell in einen »normalen«, »gesunden« und einen »abnormalen«, »kranken« Teil? Wer maßt sich hier an, solche Normen zu setzen? Und schlagartig wird mir klar, dass ich den Text unbedingt und sofort veröffentlichen muss. Auch gibt es dafür, wie mir ebenfalls sofort klar wird, nur einen einzigen geeigneten Ort, nämlich die *FAZ* als Medium der sogenannten »Entscheider«, das bürgerlich-konservative journalistische Flaggschiff der alten BRD, eine allerdings diskursoffene Zeitung, deren Tradition bis zur renommierten *Frankfurter Zeitung* der Zwanzigerjahre zurückreicht, für die von mir hochgeschätzte Autoren wie Siegfried Kracauer und Walter Benjamin geschrieben haben. Anfang Januar 2022 schicke ich über die offizielle E-Mail-Adresse eine Publikationsanfrage. Zwei Stunden später erfolgt die Zusage zum Druck.

3.

Wer oder was bin ich?

je östlicher, desto gefährlicher
der Menschenschlag, so wußte man

Hilbig, *Alte Abdeckerei*

»You're all individuals. You're all different.« – »I'm not.«

Monty Python, *Life of Brian*

Ich bin »Ostdeutscher«. Das heißt, ich bin Rechtshänder und Linksfuß, passionierter Radfahrer, Professor für Neuere deutsche Literatur, Staatsbeamter auf Lebenszeit, privat versichert, verheiratet, Vater von zwei Kindern, lebe in einer zentrumsnahen Altbauwohnung in Leipzig, der am schnellsten wachsenden Großstadt Deutschlands. Ich kaufe gern im Bioladen um die Ecke und im italienischen Feinkostgeschäft drei Straßen weiter und wähle seit 1990 die Grünen, obwohl sie gegen die Wiedervereinigung waren, was ich ihnen bis heute übelnehme! Ich war nie Mitglied einer Partei und werde es niemals sein. Am frühen Morgen lese ich als Erstes Nachrichten auf *SPIEGEL ONLINE* und *kicker*, regelmäßig unregelmäßig die *FAZ*, jeden Sonntag aber die *Frank-*

furter Allgemeine Sonntagszeitung; im Abonnement beziehe ich das Fußballmagazin *11Freunde*; Nachrichten sehe ich mir auf ARD oder ZDF an, gelegentlich auf CNN oder BBCNews; und am Samstag möchte ich nicht bei der *Sportschau* gestört werden. Ich reise gern nach England und sehr gern in die USA, wo ich unter anderem 2006 als Gastprofessor an der University of California in Davis den österreichischen Amerikaner Arnold Schwarzenegger als Gouverneur von Kalifornien als höchsten Vorgesetzten hatte. Bin ich »Ostdeutscher«? Taugt die Zuschreibung? Ich bin nicht rechts und nicht links, vielleicht eher »linksgrün versifft«, wie das abfällig heißt. Doch im Grunde halte ich es mit Bertolt Brecht: In mir habt ihr einen, auf den könnt ihr nicht bauen.

Diese Aufzählung steht hier nicht aus Koketterie oder Eitelkeit, sondern aus Gründen der gesellschaftlichen Positionierung und weil sie deutlich werden lässt, dass ich schlicht nichts weiter bin als das typische Durchschnittsprodukt jener von Andreas Reckwitz in *Die Gesellschaft der Singularitäten* beschriebenen urbanen akademischen Mittelschicht, die sich über die Felder Wohnen (zentrumsnaher sanierter Altbau mit Stuck), Reisen (weit und besonders), Körper (gesund, »schlank und fit«), Ernährung (vegetarisch, vegan, Hauptsache politisch und moralisch »korrekt«) und den Bildungsweg der Kinder (reformiert, international, privat ... – *you name it*) wissentlich-unwissentlich zu *singularisieren* versucht, wie es diese Mittelschicht in den westlichen Gesellschaften überall betreibt. Danach soll es angeblich besser, sprich »moralisch wertvoller« sein, weitgereistes Quinoa aus Peru oder Bolivien zu essen als heimische Thüringer Bratwurst, wobei hier *flight shaming* und *food shaming* lustig kollidieren. Darüber hinaus geht es bei all dem doch nur um die weithin beobachtbaren Strategien sozialer Distinktion.

Aus einer anderen Perspektive bin ich freilich nichts weiter als der Repräsentant eines hochproblematischen Herrschaftssystems, Teil des Establishments, nämlich ein (relativ) alter weißer Mann, der als Professor fast ausschließlich kanonische Texte in Forschung und Lehre verhandelt, also Texte von Autoren, die selbst wiederum als tote alte weiße Männer bezeichnet werden können, Autoren wie Lessing, Goethe, Schiller, Kleist, Büchner, Fontane, Kafka, Benjamin, Kracauer, Thomas Mann oder Uwe Johnson. Immerhin waren manche dieser Autoren selbst nicht alt, als sie starben: Büchner 23, Kleist 34, Kafka knapp 41, Schiller 45, Benjamin 48, Johnson 49; zwei davon haben sich das Leben genommen, Kleist und Benjamin, während sich Uwe Johnson zu Tode getrunken hat. Über ihre jeweils kurze Lebenszeit hinaus verbindet sie alle ein insistentes Fragen nach Recht und Gerechtigkeit. Sachliche Gründe für ein solches Korpus interessieren in dieser Perspektive kaum, nur das vordergründig Sichtbare: Mann / Weiß / Professor, also Geschlecht, Hautfarbe, soziale Position. Damit müssen die rund 80 Prozent der Germanistik-Studentinnen an der Universität Leipzig nun zurechtkommen! Als Kompensation habe ich fürs Erste anzubieten, dass ich im Kontrast zu allen anderen Professoren und Professorinnen am Institut ein bildungsfernes Arbeiterkind bin und obendrein »aus dem Osten« komme. Wieder andere würden dann sagen – und haben es mir auch schon gesagt: Das ist doch keine Kompensation, im Gegenteil, das macht es noch schlimmer, denn aufgewachsen in der DDR ist diese Person ja »diktatursozialisiert«, war bei den Pionieren und in der FDJ, ist folglich atheistisch, kommunistisch und kollektivistisch abgerichtet, ist damit notwendig obrigkeitshörig und unfähig zum Selberdenken, dennoch ein Trojanisches Pferd, das als Hochschullehrer die Köpfe unserer Jugend verwirrt.

Wie wäre es eigentlich, wenn ich dazu überginge, Westdeutschen im Gegenzug permanent vorzuhalten, dass sie in einem Land sozialisiert wurden, in dem bis zur Wiedervereinigung in etlichen gesellschaftlichen Teilbereichen alte Nazis das Sagen hatten, und entsprechend analoge Schlüsse daraus zöge? Wo es zahllose Städte gab, in denen Hitler noch bis in die Nullerjahre hinein »Ehrenbürger« war. Wenn ich an Globke, Filbinger oder Willi Daume erinnerte? Oder an den langjährigen, bestens etablierten Leiter der bis heute von Antisemitismus heimgesuchten *Documenta*, Werner Haftmann, der später als Direktor der Neuen Nationalgalerie in Berlin fungierte und 1999 hochdekoriert starb? Und dies alles, obwohl er Mitglied der NSDAP und der SA war, obwohl er verdächtigt wird, an Gräueltaten gegenüber der italienischen Bevölkerung und an der Folterung von Partisanen beteiligt gewesen zu sein und obwohl er in Italien als Kriegsverbrecher gesucht wurde.[25] Oder an Henri Nannen, den Publizisten, Verleger und Gründer des Magazins STERN, nach dem eine Schule benannt ist und mit dessen Namen noch bis 2021 ein renommierter Journalistenpreis verbunden war, obwohl Nannen laut Wikipedia Mitglied der Waffen-SS war und verantwortlich für antisemitische und rassistische Texte? Wie man sieht, lassen sich Vergangenheiten jederzeit direkt und indirekt hervorragend in anderer Richtung einsetzen.

In meiner Kindheit und Jugend am meisten geprägt hat mich mein Großvater mütterlicherseits, den ich bis heute verehre und bewundere. Zeit seines Lebens hat er in seinem Geburtsort Wölfis gewohnt, einem kleinen Dorf am Nordrand des Thüringer Waldes, wo ich selbst oft und lange zu Besuch war. Er wurde 1937 zur Wehrmacht eingezogen und verlor 1939 durch einen Schock im Krieg seine Haare. Er trat 1952 in die SED ein und trat 1953 wieder aus. Im Jahr 1966 wurde er wegen des Verbots privater Kapitalbildung vom Staat gezwungen, seine Tischlerei zu schließen. Trotzdem eröffnete er 1971 wieder eine Tischlerei. In den Achtzigerjahren verlangte er persönlich von der Staatssicherheit – erst in Gotha, dann in der Berliner Hauptzentrale, dass man gefälligst seine Familie in Ruhe lasse. Er war jemand mit Persönlichkeit und Autorität, jemand mit großer Lebensklugheit, der keine Angst hatte, vor nichts und niemandem, und der selbst unter den schwierigen Bedingungen der Diktatur ein weithin selbstbestimmtes Leben geführt hat. Seit 28 Jahren arbeite ich an dem einst von ihm gebauten und mir von ihm noch zu Lebzeiten überlassenen Schreibtisch, seit seinem Tod vor 27 Jahren trage ich die von ihm geerbte Uhr der Marke Glashütte.

Ich bin nicht im Westen groß geworden, *aber mit dem Westen*, mit seinen Werten, seinen Medien, seiner Musik, seinen Bildern und glücklicherweise mit *Westpaketen*, weil ein Teil der Familie mütterlicherseits in Schwaben lebt und eine Schwester meiner Mutter 1980 in den Westen ausreiste. Jahrelang zierte ein Plakat mein Zimmer, auf dem Björn Borg nach seinem Sieg gegen John McEnroe zu sehen war, seinem 5. Sieg in Wimbledon; ein Jimi-Hendrix-T-Shirt habe ich bis zur völligen Auflösung getragen. Ab Mitte der Achtzigerjahre bin ich jedes Jahr nach Budapest gefahren, die westlichste Stadt im Osten, was man sich heute kaum mehr vorstellen kann, um mir Schallplatten von *Cream*, *Deep Purple* und *Led Zeppelin* zu kaufen, ebenso wie *Levi's Jeans* oder Kafkas Briefwechsel mit Felice Bauer. Aufgewachsen bin ich nah an der geografischen Mitte Deutschlands, in der Kreisstadt Gotha, von wo aus man wenige Kilometer weiter über die A4 nach Hessen kommt. Deshalb hörte ich als Kind und Jugendlicher im Radio immer HR3, besonders gern die Sendungen *Singer Songwriter* von und mit Volker Rebell sowie die witzige Hörspielreihe *Papa, Charly hat gesagt …* Stieg man in Gotha in den Zug Richtung Eisenach, wurde man der relativen Grenznähe wegen sofort von der Transportpolizei kontrolliert. Hätten die Amerikaner nicht im Sommer 1945 das bereits von ihnen besetzte Thüringen gegen West-Berlin eingetauscht, wären meine Eltern in Thüringen im Westen groß geworden. Geografie als Schicksal. Als ich Mitte der Neunzigerjahre gleichaltrige Doktoranden aus dem Westen kennenlernte, verständigten wir uns als Erstes über unsere gemeinsame Fernsehkindheit und -jugend, denn so wie sie war ich mit ARD und ZDF aufgewachsen, mit Fußball-Bundesliga, mit *Der rosarote Panther* und *Tom & Jerry*, mit der *Muppetshow* und *Kennzeichen D*. Meine ersten geografischen Kenntnisse der BRD erwarb ich über die Lokalisierung der Klubs in der Fußball-Bundesliga und der Handball-Bundesliga; mein Idol als Fußballer war Günter Netzer. Die Orientierung am Westen bildete auch die Grundlage für mein 1986 begonnenes Studium von Germanistik, Anglistik und Amerikanistik – und das im vollen Bewusstsein der Absurdität, aufgrund mangelnder Reisefreiheit womöglich niemals nach England oder gar in die USA reisen zu können. Deshalb führten mich nach der Revolution meine ersten Reisen 1990 und 1991 sofort nach England, Irland und in die USA sowie 1992 noch für ein Jahr zum Studium in die USA.

Natürlich hatte der damalige Osten seine Bilder vom Westen, auch das eine Form der Konstruktion und Zuschreibung, doch aber in doppelter Natur. Bis zum Ende des Kalten Kriegs gehörte es bekanntlich zur politisch-offiziellen Rhetorik der DDR-Staatsraison, den Westen als »Klassenfeind« zu bezeichnen und für alle Übel in der Welt verantwortlich zu machen: Armut, soziale Ungleichheit, Ausbeutung, Krieg, Entfremdung etc. Im privaten Raum sah das – nicht bei allen, doch vielfach – aber ganz anders aus, da galt der Westen als Heilsbringer, als das Gelobte Land, an dessen Lebensformen man teilhaben wollte, dessen Leben man selbst führen wollte, weil man es für das richtige Leben hielt, auch wenn es, wie man später durch Adorno erfuhr, eins im falschen war. Die Kleidung war eleganter, die Autos schneller und schnittiger, die Süßigkeiten schmeckten besser, und man konnte ein weithin selbstbestimmtes, freies Leben führen, in das sich der Staat nicht permanent einmischte. Man konnte darauf hoffen, das bloß funktionale, von Institutionen geführte Leben (Imre Kertész) gegen ein wirkliches Leben einzutauschen, ein Leben, das seinen Namen verdient, weil es sich als Ergebnis des eigenen Charakters und der eigenen Handlungen verstehen ließ. Ohne dieses Bild, diese Illusion, diese Erwartung wäre die Revolution mit dem Wunsch nach Wiedervereinigung nicht denkbar gewesen. Man war nicht so naiv, an diese Illusion ernsthaft zu glauben, aber es bedurfte der von ihr ausgehenden Energie, das politische System zu Fall zu bringen. Wirklich leben zu wollen, sich selbst zu spüren, frei und selbstbestimmt, das verloren gegangene Existenzielle in die Existenz zurückzuholen und den Wartezustand des eigenen Daseins zu beenden, war neben den Konsumbedürfnissen einer der wesentlichen Antriebe für den politischen Umsturz.

Demzufolge haben zwei Dinge im November 1989 für mich begonnen: ein neues Lebensgefühl und die Freiheit. Ich sage das in dieser Kürze und ohne jedes Pathos. Dass die Freiheit angefangen hat, bedarf keiner Erklärung. Doch auch das Lebensgefühl gehört dazu, weil sich plötzlich die Daseinsmöglichkeiten vervielfältigt haben. Und vieles von dem, was der Westen in dieser Hinsicht versprochen hat und was man sich selbst vom Westen versprochen hat, ist realisiert worden, weil es sich *erarbeiten* ließ. Manchen Leuten im Osten geht es trotz aller Schwierigkeiten materiell so gut, wie sie es nie zu träumen gewagt hätten; manche von ihnen führen ein Leben, auf das sie nie hoffen durften. Nur eines hat sich für die allermeisten nicht erfüllt: der Wunsch, an dieser Gesellschaft teilzuhaben und sie mitzugestalten. So sind auch »frustrierte Zufriedene« entstanden.[26] In den Worten Ingo Schulzes bleibt der Osten eine *abgewiesene Braut*. In seiner Kurzform sah das dann Anfang der Neunzigerjahre so aus: »Statt einer Vereinigung, die womöglich auch den Westen auf den Prüfstand gestellt hätte, gab es nur einen Beitritt. Die Ergebnisse für den Osten sind bekannt: 70 Prozent Deindustrialisierung, mehr als in jedem anderen Land des Ostens, vier Millionen Arbeitslose, 2,2 Millionen Haushalte waren von der Maßgabe ›Rückgabe vor Entschädigung‹ betroffen und mussten um ihre Wohnung, ihr Haus oder Grundstück fürchten oder verloren es. Kein Wunder, dass auch die Geburtenrate einbrach. Die Treuhand und sogenannte Altlasten [...] sorgten dafür, dass das Territorium der DDR zu einem staatlich hochsubventionierten Absatzmarkt ohne ökonomische Konkurrenz wurde.«[27]

Natürlich fehlte der damaligen Bundesregierung komplett die Einsicht, dass es einem wiedervereinigten Deutschland schon aus demokratietheoretischen und symbolischen Erwägungen heraus gut anstehen würde, sich eine neue gemeinsame Verfassung zu geben und eine neue gemeinsame Hymne, statt die von den ersten beiden Strophen chauvinistisch verseuchte beizubehalten. Beides, neue Verfassung und neue Hymne, wären symbolisch wichtige Schritte auf dem Weg zur Einheit gewesen. Der Westen aber hat gedacht, er müsse sich nicht ändern und könne einfach Westen bleiben, während zugleich der Osten natürlich Westen werden sollte, obwohl im selben Moment alles dafür getan wurde, ihn erst eigentlich zum »Osten« zu machen. Das war zweifellos, wie sich inzwischen herausgestellt hat, ein kapitaler Irrtum und ein schwerer Geburtsfehler unter vielen anderen. Mit Per Leo gesprochen, liegt der »Gründungsmakel des zweiten deutschen Nationalstaats« in der »Fixierung auf die Gemütszustände der alten Bundesrepublik«.[28] Mit Ach und Krach, das heißt mit lediglich 338 zu 320 Stimmen, hat man sich Mitte der Neunzigerjahre im Bundestag dazu entschlossen, von der rheinischen Provinz nach Berlin als alter und neuer Hauptstadt umzuziehen. Alle westdeutschen Beamten, die in den Osten gingen, erhielten fürstliche Sonderzahlungen, »Buschzulagen« genannt. Laut Wikipedia war »Buschzulage« übrigens eine redensartliche Wortschöpfung für die Zulage der kaiserlich-deutschen Beamten, die in die Kolonialländer Afrikas entsandt wurden.

Statt sich *gemeinsam* eine neue Verfassung und eine neue Hymne zu geben, verfiel der Westen auf ein Programm, das er sinnigerweise »Aufbau Ost« nannte. Im Briefwechsel zwischen Christoph Hein und Elmar Faber kann man nachlesen, dass der Begriff »Aufbau Ost« aus dem Dritten Reich stammt! Ist das zu fassen?! Hein schreibt zu diesem Skandal: »Seltsam aber ist der Rückgriff auf die Sprache des 3. Reiches. Auch das Wort *Aufbau Ost* als Bezeichnung der wirtschaftspolitischen Dekrete zur Anpassung der neuen Bundesländer an den Westen stammt aus der *Lingua Tertii Imperii*. Das Planungsamt des Reichskommissariats erstellte den Plan für die Kolonisierung und Germanisierung von Teilen Osteuropas. Der zuständige *Wirtschaftsstab Ost* nannte das Programm seinerzeit zynischer Weise *Aufbau Ost*. Wieso benutzte man 1990 diese Sprache? Nach 1945 gab es keinen Austausch der Eliten in der neu gegründeten Bundesrepublik, ganz im Gegenteil, die Eliten von Militär und Geheimdienst, der Beamten, des politischen Personals, der inneren und auswärtigen Dienste, der Wissenschaftler, der Ärzte, der Universitäten und Schulen, alle wurden übernommen. Das liegt Jahrzehnte zurück, inzwischen übernahmen die Kinder dieser Eliten, dann ihre Kindeskinder. Ist die Verwendung der Sprache des *LTI* eine Reminiszenz an das alte Bauern-Kriegslied: *Geschlagen ziehen wir nach Haus /Unsere Enkel fechtens besser aus*«[29]? »Buschzulage« und »Aufbau Ost« – ein rassistischer Begriff aus der Zeit des deutschen Kolonialismus einerseits und eine menschenverachtende Wortbildung aus der Sprache der Nazis andererseits: Darin verdichten sich die zynischen westdeutschen Blickweisen auf den Osten und seiner maximalen terminologischen Deklassierung. Sie lassen an Deutlichkeit, Niedertracht und Häme nichts zu wünschen übrig und veranschaulichen zudem, dass Positionen wie die von Baring und Siedler nicht die Ausnahmen bilden, sondern den westdeutschen *mainstream* bis ins Regierungsprogramm hinein repräsentieren.

Zu neokolonialen Errungenschaften wie »Buschzulage« und »Aufbau Ost« passt natürlich ideal die koloniale Symbolpolitik, zu der man sich im neuen Größenwahn dann tatsächlich entschlossen hat, nämlich zur Wiedererrichtung des Berliner Schlosses als »Humboldt-Forum«. Das ist ein ebenso anschauliches wie perfides Beispiel für die radikale Umschreibung und Überschreibung von Geschichte. Denn was wurde hier getan: Ein wahrlich hässliches, politisch, ideologisch und symbolisch hochgradig besetztes Gebäude der DDR, der »Palast der Republik«, wurde ersetzt durch architektonischen Eklektizismus, mit dem man nicht nur gezielt die im Stadtbild einst sichtbare, Stein gewordene Geschichte der DDR überschreibt und auslöscht, als hätte es diese historische Phase nie gegeben, sondern mit dem man sich in monumentaler Geste auch direkt ans Kaiserreich anschließt. Jenes Kaiserreich wohlgemerkt, das koloniale Kriege geführt, dabei Völkermord an den Herero und Nama im heutigen Namibia begangen und später den Ersten Weltkrieg begonnen hat. Über Jahre hinweg hat man dann im »Humboldt-Forum« afrikanische Kunstschätze ausgestellt, also koloniale Raubkunst. Das zeugt von Gedankenlosigkeit und einem Mangel an historischer Sensibilität. Dieses Kaiserreich soll die bessere deutsche Vergangenheit sein, an die es anzuschließen gilt und die man mit so viel *pompousness* glaubt würdigen zu müssen? Dieses Ding steht nun auf Dauer im Herzen Berlins als Zeichen eines geschichtspolitischen Versagens, dessen Ausmaß erst neuere Debatten über »Wiedergutmachung« und Rückgabe der Kunstschätze, die es übrigens in Frankreich und England schon sehr viel länger gibt, ins allgemeine Bewusstsein gehoben haben. Mit schöner Regelmäßigkeit empört sich der Westen, wenn er als Kolonisator bezeichnet wird, doch führt er selbst permanent die Sprache der Kolonisatoren im Munde und lässt entsprechende Taten folgen.

Erst im Jahr 2021 hat Deutschland endlich Verantwortung für die historischen Verbrechen übernommen, indem es den Völkermord in Namibia als solchen offiziell anerkennt. Nur sehr langsam scheint sich die Einsicht durchzusetzen, dass es wenigstens städtebaulich prinzipiell andere Lösungen geben muss. Dafür findet man inzwischen erste Beispiele, wie man etwa an den Plänen zum Wiederaufbau der Potsdamer Garnisonkirche sehen kann. Darin ist festgelegt, dass das zu DDR-Zeiten daneben errichtete Rechenzentrum nicht einfach abgerissen, sondern in das bauliche Ensemble integriert wird. Auf diese Weise bleiben die unterschiedlichen historischen Schichten im Stadtbild als gelebte Geschichte präsent und wirken jenem »Vertrautheitsschwund« entgegen, den Hermann Lübbe schon vor 30 Jahren als wesentliches Problem einer beschleunigten Moderne beschrieben hat.[30]

Wie sich von Beginn an zeigt, bilden »Osten«, »Busch«, Kolonisierung, Vormoderne und Unzivilisiertheit hier ein gemeinsames, durch und durch negativ aufgeladenes, imperiales Bild-, Begriffs- und Assoziationsfeld. In Kafkas Satire *Ein Bericht für eine Akademie* schildert der Affe Rotpeter seine Menschwerdung als Erfolgsgeschichte, wie er innerhalb eines Zeitraums von nur fünf Jahren die »Durchschnittsbildung eines Europäers« erworben hat. Dazu gehören Sprechen, Spucken, Handschlag geben, Rauchen und Schnaps trinken. Er denkt über Freiheit und Natur nach und wird sogar ein erfolgreicher Künstler im Varieté. Unwillentlich, gleichsam unter der Hand, erzählt er aber auch die Begleitumstände dieser Transformation mit, nämlich wie er bei der Gefangennahme angeschossen und verstümmelt wurde, wie er im Zuge von Selbstunterwerfung einerseits, Domestizierung und vermeintlicher Zivilisierung andererseits von den Menschen aufs Grausamste gequält, geschunden und gefoltert wurde. Wer ist hier unzivilisiert? Und wo liegt die Wahrheit des Affen? Im Erzählten oder in der Art des Erzählens?

Auch ich könnte eine solche Geschichte erzählen: vom bildungsfernen Arbeiterkind aus der DDR, also aus dem *Osten*, zum bürgerlich etablierten Mittelschichtsprofessor im wiedervereinten Deutschland. Das entspricht in etwa dem Weg, den der Affe zum gebildeten Durchschnittseuropäer zurücklegen musste – wohlwollend betrachtet. Aber wem wäre damit gedient? Was würde das besagen? Ist das überhaupt meine Geschichte? Oder nur eine von der jeweiligen Tagesform abhängige Version? Das sei der Spekulation überlassen. Hier interessiert nicht meine Geschichte, sondern meine Wahrnehmung der deutsch-deutschen Situation gut 30 Jahre nach der Wiedervereinigung, bei der es sich, terminologisch korrekt, ja nur um einen vom Osten gewollten »Beitritt« handelt. Übrig bleibt vorläufig die Frage, wer oder was ich nun im Zusammenspiel der vielen Selbst- und Fremdzuschreibungen und sozialen Rollen »eigentlich« bin? Europäer, Deutscher, Ostdeutscher, Thüringer, Gothaer oder vielleicht *ein ganz Anderer*? Aus Sicht des Westens ist die Antwort hingegen völlig klar: Da bin ich ein für alle Mal »Ostdeutscher«, sonst nichts, und das ist bekanntlich das Allerletzte. Darauf wurde und werde ich, wie ich immer wieder feststellen darf, reduziert und festgelegt: Herkunft als Urteil und Verurteilung.* Aber wie heißt es so schön in Kafkas Erzählung:

* Seit einiger Zeit gilt es als politisch unkorrekt, jemanden nach seiner Herkunft zu fragen, weil das eine Art Mikroaggression sei. Denn die Frage suggeriere, dass die angesprochene Person eigentlich »nicht hierher gehöre«. Ich habe bisher nicht beobachtet, dass diese Frage mal im Blick auf den Osten problematisiert worden wäre.

»Ihr Affentum, meine Herren, kann Ihnen nicht ferner sein als mir das meine«!

Ob es einem gefällt oder nicht, man bleibt als Ostdeutscher in Deutschland ein Ostdeutscher, nicht jedoch weil man es sein möchte, sondern weil man im öffentlichen Raum permanent auf die mit dieser Herkunft verknüpften Vorurteile und Konnotationen festgelegt und reduziert wird, weil man, mit anderen Worten, in eine vermeintliche »Ost-Identität« eingesperrt wird. Zum »Deutschen« wird man als Ostdeutscher folglich *erst im Ausland.* Ich habe drei Jahre in den USA gelebt und war dabei mit fünf Universitäten verbunden, ein Jahr als Student, ein Jahr als Postdoc, später insgesamt drei Semester als Gastprofessor an drei verschiedenen Universitäten. Niemand ist dort auf die Idee gekommen, ich könnte etwas anderes sein als »a German« beziehungsweise »from Germany«, selbst dann nicht, wenn die Rede darauf kam, dass ich in der DDR aufgewachsen bin. In Deutschland selbst dagegen scheint das nicht denkbar. Zwar soll man gelegentlich durchaus sprechen, doch nicht repräsentativ und womöglich über alles, sondern lediglich aus einem kleinen Diskurswinkel als Ostdeutscher über ostdeutsche Identität. Ausschließlich die sogenannte ostdeutsche Identität erscheint als Anomalie überhaupt erklärungsbedürftig. Während Westdeutsche offenbar Naturdeutsche sind, sind Ostdeutsche lediglich Kunstdeutsche.*

* In einem *FAZ*-Leserbrief wurde alternativ vorgeschlagen, zwischen »Deutschen« und »Auchdeutschen« zu unterscheiden.

Natürlich weiß ich, dass sich jeder gebildete und ökonomisch gutgestellte Westdeutsche nicht als »Deutscher« begreift, sondern sich, wie es zu einem zeitgemäßen postnationalen und vor allem saturierten Selbstverständnis gehört, für einen moralisch korrekten »Europäer« oder gar »Weltbürger« hält. Um den gewonnenen Abstand zur Herrschaft der Nazis als bewusstseinsmäßige Überwindung des Nationalstaats zu betonen, inszeniert man die »Wiederauferstehung als blütenweiße ›Europäer‹, die das blutbesudelte Kleid der deutschen Identität endlich für immer abgelegt haben«.[31] Diesen scheinheiligen Gestus hat der Religionsphilosoph Hans Joas treffend beschrieben: »Sagt jemand von sich, er sei Europäer, dann hat er sich schon als Deutscher enttarnt.«[32] Auch setzen Westdeutsche, die behaupten, Europäer oder Weltbürger zu sein, den Kolonialismus mit anderen Mitteln fort, sofern sie Anspruch auf Europa und die ganze Welt erheben. Da freuen sich die Polen, Belgier, Franzosen, Briten und alle anderen, die Deutschland mit zwei Weltkriegen überzogen hat, ganz besonders über so viel nicht nur sprachliche Anmaßung. Ein solches »europäisches« Selbstverständnis indes wird Ostdeutschen gar nicht erst oder nur äußerst selten zugestanden, vielleicht Angela Merkel, Durs Grünbein und Toni Kroos, sonst fällt mir niemand ein. Doch sobald sie Anlass zur Kritik geben, werden sie sofort wieder mit dem Ost-Vorwurf konfrontiert, wie man an Angela Merkel sehen konnte. Ihr wurde vorgehalten, »keine geborene, sondern eine angelernte Bundesdeutsche und Europäerin« zu sein.[33] Allen anderen Ostdeutschen wird bis heute permanent abverlangt, sich dafür zu schämen und zu rechtfertigen, Ostdeutsche zu sein. Als Franziska Giffey 2018 zur Familienministerin ernannt wurde, besaß die ARD-Journalistin Pinar Atalay zur Hauptsendezeit doch tatsächlich die Dreistigkeit, Frau Giffey als »Quoten-Politikerin« zu bezeichnen und sie zu fragen, ob sie nicht allein deshalb Ministerin geworden sei, weil sie aus dem Osten stamme[34] – als hätte Frau Giffey nicht längst als Bezirksbürgermeisterin des *West*berliner Problembezirks Berlin-Neukölln ihre politische Qualifikation glänzend unter Beweis gestellt. Ganz sicher muss sich die ehemalige Ministerin für die Zweifelhaftigkeit ihrer Dissertation rechtfertigen, nicht aber dafür, aus dem Osten zu kommen.

Um das Ausmaß der bis heute andauernden, derzeit sogar noch wachsenden Stigmatisierung auch nur anzudeuten, die sich mit einer Herkunft aus dem Osten prinzipiell verbindet, genügt ein Verweis auf das Trauma, als *Westdeutscher* einmal kurz für jemanden aus dem *Osten* gehalten worden zu sein. Es reicht so tief, dass es vom Betroffenen, dem Bielefelder Germanisten Prof. Walter Erhart, der eine Weile in Greifswald gelehrt hat, vorerst nur in einer fremden Sprache thematisiert werden konnte. In einem 2019 veröffentlichten Text heißt es: »So what had I done differently to be identified as an ›Ossi‹? What did I look like? [...] Did I look like I had ended up on the wrong side of history? Did I look like a loser?«[35] Die einen müssen damit leben, dafür gehalten worden zu sein, die anderen sind *post festum* dazu gemacht worden und bleiben es ein Leben lang, weil sie in der »birthright lottery« (Ayelet Shachar) das falsche Los gezogen haben. Der bestehende West-Ost-Konflikt ist folglich nicht nur einfach ein weiterer Teil der gesamtgesellschaftlich geführten Ungleichheitsdebatte über *race, class, gender, and age*. Befördert durch die klaren geografischen und vermeintlich ebenso klaren historischen Konturen ist hier eine soziale, ökonomische und diskursive Ungleichheit entstanden, die als Herkunft, mithin als *place*, zu allen anderen ohnehin bestehenden Ungleichheiten als potenzierender Faktor hinzukommt.[36] Anders gesagt: Eine Herkunft aus dem Osten verschärft die allgemeine Herkunftsbenachteiligung der sozial Schwachen und mindert die Lebenschancen erheblich.

Nun sind mir Einladungen, zur deutsch-deutschen Konfliktlage Stellung zu nehmen, nicht unvertraut, im Gegenteil. Bereits 1992/1993, als ich mit einem Fulbright-Stipendium ein Jahr in den USA studieren konnte, bin ich mehrfach zu Podiumsdiskussionen eingeladen worden, weil ich aus dem Osten kam, weil man wissen wollte, wie es hinter dem Eisernen Vorhang war und wie es im wiedervereinigten Deutschland läuft. Für die Historiker, Soziologen und Politologen in den USA war ich ein willkommener, und weil ich jung war, auch ideologisch unverdächtiger Zeitzeuge, einer der wenigen, der zu diesem vergleichsweise frühen Zeitpunkt schon in den USA studierte, aufgrund des Seltenheitswertes also eine Art Sonderfall.

Ein solcher Sonderfall bin ich freilich geblieben, aber

nicht in den USA, *sondern in Deutschland*, als einer der wenigen Professoren mit ostdeutscher Herkunft, die an einer geisteswissenschaftlichen Fakultät einer deutschen Universität lehren. Als ich 2011 nach Leipzig kam, war ich bundesweit der Erste aus dem Osten, der regulär auf eine Professur in der Neueren deutschen Literaturwissenschaft berufen worden ist. Seither sind nur wenige dazugekommen, und sie sind alle deutlich jünger als ich. Obendrein sind sie in ihrer ostdeutschen Herkunft kaum zu identifizieren. Da sie jünger sind, stand ihnen im Unterschied zu mir bereits eine akademische Laufbahn zu *Westbedingungen* mit *Westchancen* an *Westuniversitäten* offen. Und weil sie sich wie viele andere ihrer Herkunft schämen, vermeiden sie in ihrer öffentlichen Selbstdarstellung, etwa auf den Homepages, jede Andeutung dieser stigmatisierten Vergangenheit. Ein Professorenkollege von der HU Berlin nannte sich mir gegenüber sogar »Undercover-Ossi«. Niemand solle wissen, woher er käme, damit ihm keine Nachteile entstünden. Er markiert damit nicht nur seine Herkunftsscham, sondern auch seine kritische Beobachterposition auf vorgeschobenem Posten. Von Kollegen aus der Philosophie und der Geschichte weiß ich, dass es in ihren Fächern noch radikaler zugeht, da es dort auf Professorenebene fast niemanden aus dem Osten gibt.[37] Als ich nach Leipzig kam, wurde ich von verschiedenen Kollegen und Kolleginnen gefragt, wie ich denn »im Osten« zurechtkäme, der ganz offenbar merkwürdig sei. »Ganz ausgezeichnet«, antwortete ich jedes Mal, »ich komme von hier.« Damit hatten sie nicht gerechnet und auch nicht rechnen können, da bis heute Professoren und Professorinnen auch im Osten eigentlich fast immer aus dem Westen kommen. Das ist am Germanistischen Institut der Uni Leipzig nicht anders als im Rektorat der Leipziger Universität, das die letzten zwölf Jahre ausnahmslos westdeutsch besetzt war. Für die Organisatorinnen der Vortragsreihe »PerspektivenDurchDenken« war ich also mit meiner Herkunft eine Art Glücksfall und die vermeintlich natürliche Wahl, wenn es die Frage nach einer möglichen »Ost-Identität« aus der Perspektive eines ostdeutschen Professors zu verhandeln gilt. Genauer gesagt: Sie hatten gar keine andere Wahl, weil es sonst fast niemanden auf dieser Ebene gibt. Andererseits wiederum spricht es für sie, dass sie bei diesem Thema nicht jemanden aus dem Westen gebeten haben, über den Osten zu sprechen. – Wie man es auch dreht und wendet, der Ironie entgeht man nicht: Falsch war es, mich zu fragen, und ebenso falsch wäre es gewesen, mich nicht zu fragen.*

* Es gibt freilich noch eine bessere und zugleich pikantere Lösung: das öffentliche Sprechen zum Thema gar nicht erst zuzulassen. Gemeinsam mit einem Kollegen wollte ich im Sommersemester 2023 eine Ringvorlesung mit hochrangigen Referenten aus Politik und Gesellschaft zum Thema West/Ost im Rahmen des *studium universale* der Universität Leipzig veranstalten. Nach einer ersten Zusage bekamen wir allerdings im Oktober 2022 vom westdeutschen Organisator des Formats mitgeteilt, dass an einer solchen Ringvorlesung kein hinreichendes Interesse bestünde. Die Demokratie ist gefährdet, aber mögliche Gründe dafür diskutieren zu wollen, erscheint ihm bemerkenswerterweise nicht notwendig.

Universitäten inszenieren sich besonders gern als Orte höchster Moralität, mit gegenderten Texten, mit Professorinnen, die Texte nicht lesen, wenn sie nicht gegendert sind, mit Gleichstellungs- und Schwerbehinderten-Beauftragten, mit Internationalisierungs- und Diversifizierungskampagnen, mit der Aufforderung, diversitätssensibel zu lehren. Das ist gut verständlich, weil es um die Anerkennung ungleicher Ermöglichungsbedingungen geht, denen institutionell entgegengewirkt werden soll. Allerdings werden bei all dem Personen mit ostdeutscher Herkunft weithin ausgeschlossen. Man findet sie auf der Ebene der Sekretärinnen, des technischen Personals, der unteren Verwaltung, aber kaum auf Professorenebene und fast nirgends in akademischen Leitungspositionen. Auf diese Weise ist eine nach Herkunft organisierte Klassengesellschaft entstanden. Westdeutsche *first*, Moral *second*. Die institutionell zur Schau getragene und als Gerechtigkeit angepriesene Moral darf zwar prinzipiell auch als Symbolpolitik nichts kosten, aber sie darf auf jeden Fall auf Kosten des Ostens gehen, nicht nur in finanzieller Hinsicht.

Wo sind aber die Gründe für dieses enorme strukturelle Ungleichgewicht zu suchen? Die naheliegende Antwort lautet natürlich, dass »der Ossi an sich« inkompetent, faul und generell unfähig ist. Wer nun meint, ich würde übertreiben, solche harschen Vorurteile gäbe es nicht oder immerhin nicht mehr, dem entgegne ich, dass solche Ansichten selbst bei hochreflektierten Kollegen sehr wohl auch noch heute anzutreffen sind, freilich in rhetorisch sublimierter Form. Erst im letzten Jahr hat ein Jenaer Lehrstuhlinhaber für Geschichte, seiner Herkunft nach westdeutsch und obendrein seit Jahrhunderten ganz speziell privilegiert, in einer öffentlichen Veranstaltung zu 30 Jahren Wiedervereinigung behauptet, der Umstand, dass von den zur »Wendezeit« 20- bis 25-jährigen ostdeutschen Studierenden später niemand eine Professur erhalten habe, begründe sich daraus, dass sie einfach *zu ungebildet und nicht diskursfähig* gewesen seien und deshalb *in the long run* auch keinen Anspruch auf eine Professur haben konnten. *Quod erat demonstrandum.*[38]

Aus meiner Sicht lassen sich allerdings ganz andere Gründe als unzureichende Bildung oder mangelndes Sprach- und Sprechvermögen geltend machen. Dabei kann ich gleich in Jena bleiben, wo ich selbst von 1986 bis 1992 studiert habe; als Jahrgang 1967 gehöre ich genau zu der von jenem Historiker inkriminierten Kohorte der angeblich Ungebildeten. An der Philosophischen Fakultät der Universität Jena sind bis Mitte der Neunzigerjahre *fast alle* Professuren mit Wissenschaftlern aus dem Westen neu besetzt worden.[39] Dieser Elitenwechsel war aufgrund vielfältiger ideologischer und politischer Verwicklungen der bis dahin lehrenden Professoren- und Mitarbeiterschaft oftmals notwendig gewesen, insbesondere in Fällen, bei denen sich eine andere Personen schädigende Tätigkeit für die Staatssicherheit der DDR nachweisen ließ. *Fast alle* der dann aus dem Westen neu berufenen Wissenschaftler haben freilich ihre Doktoranden und Postdoktoranden aus dem Westen mitgebracht. Hierdurch aber sind *fast alle* universitären Zukunftsaussichten für den ja ebenfalls vorhandenen unbelasteten wissenschaftlichen Nachwuchs aus dem Osten beendet gewesen – zumindest in Deutschland. Das gilt nicht nur für die Ebene der (damaligen) Mitarbeiter und Mitarbeiterinnen, sondern auch, und darin liegt die eigentliche Schwierigkeit – oder sollte man es Perfidie nennen? –, für die in den folgenden drei Jahrzehnten nachwachsende Studentenschaft. Die Tore, die sich 1989 politisch geöffnet haben, sind in den Neunzigerjahren institutionell geschlossen worden: durch neue Strukturen einerseits, konkret handelnde Akteure andererseits. Dieser radikale Elitenwechsel über die Generationen hinweg, der mit leichter Phasenverschiebung auch an den anderen Universitäten Ostdeutschlands vollzogen wurde,[40] sorgt, zumindest in den geisteswissenschaftlichen Fächern, bis heute dafür, dass Professuren kaum mit Wissenschaftlern ostdeutscher Herkunft besetzt werden (können), weil nur wenige überhaupt die Chance bekamen, sich für solche Positionen auszubilden. Die Qualifikationswege waren schlicht versperrt.[41] Auch 30 Jahre nach dem Mauerfall hat sich an dieser Situation nichts geändert, denn bekanntlich rekrutieren Eliten in Form eines strukturellen Nepotismus ihren Nachwuchs aus den eigenen Netzwerken. So bleiben die Philosophischen Fakultäten im Osten trotz der zweiten Berufungswelle seit etwa 2010 weiterhin nahezu ausschließlich Veranstaltungen von Personen aus dem Westen für Personen aus dem Westen – von der Berufungspolitik an den Universitäten im Westen selbst einmal ganz zu schweigen. Das kümmert übrigens niemanden. Denn warum sollen sich die Profiteure mit den Nöten der Ausgebooteten befassen?

Was das heißt und wie das konkret aussieht, habe ich in einem Verfahren erlebt, bei dem es am Schluss in einer Art *showdown* auf die Frage hinauslief, wen man nehmen soll: den Westdeutschen oder den Ostdeutschen? Beide waren exzellent geeignet. Eine Professorin merkte deshalb an, dass über die mögliche Wahl, wenn hier zwischen Mann und Frau zu entscheiden wäre, gar keine Diskussion geführt würde, weil bei gleicher Qualifikation ohnehin die Frau genommen werden müsste. Und obwohl durchaus ein Bewusstsein dafür vorhanden war, dass man sich aufgrund der wissenschaftspolitischen und gesellschaftspolitischen Lage gerade im Osten bei gleicher Qualität für den Ostdeutschen entscheiden sollte, votierten alle bis auf mich für den Westdeutschen. Kein Wunder. Fast alle am Verfahren Beteiligten waren Westdeutsche. Während eine Frau, egal welcher Herkunft, aus formaljuristischen Gründen hätte genommen werden *müssen*, hatte der Mann mit ostdeutscher Herkunft am Ende, als es wirklich darauf ankam, wieder keine Chance. Das war eine perfekte Demonstration Bourdieus: Besser konnte man seine Theorie von den sozialen Ausgrenzungsmechanismen kaum veranschaulichen und validieren.

Anfang der Neunzigerjahre war die Anerkennung der ungleichen Startbedingungen ins neue Jahrzehnt im Osten selbstverständlich, während man heute im Westen die *verstetigte Ungleichheit* für selbstverständlich hält, die zugleich von der Aufforderung begleitet wird, möglichst nicht darüber zu sprechen. Andernfalls wird es sofort als »Jammern« abgestempelt. Jüngere aus dem Osten beispielsweise, die Anfang der 1990er Abitur gemacht und ein Studium aufgenommen haben, durften im – letztlich naiven – Vertrauen auf eine funktionierende Demokratie mit einem gewissen Optimismus durchaus annehmen, die gleichen Startbedingungen wie ihre gleichaltrigen Kommilitonen aus dem Westen zu haben. Im Nachhinein zeigt sich, dass davon überhaupt keine Rede sein konnte, weil, abgesehen vom Abitur, alles Notwendige gefehlt hat, das heißt die finanziellen Voraussetzungen, die Netzwerke, der *Stallgeruch*, die »Verwandtschaft im Habitus, die dazu anhält, ein Denken und Handeln ›sympathisch‹ oder ›unsympathisch‹ zu finden«,[42] mit einem Wort: *ALLES*, nämlich *das kulturelle, symbolische, soziale und ökonomische Kapital*, das obendrein nur als *Westkapital* existiert; eine Wortbildung wie »symbolisches Ostkapital« wäre geradezu eine *contradictio in adiecto*. Das gibt es nicht und kann es nicht geben. Deshalb finden Karrieren auch über 30 Jahre nach der Wiedervereinigung ausschließlich im Westen statt oder über längere Stationen im Westen, wie die im Juni 2022 publizierte soziologische Studie *Der lange Weg nach oben. Wie es Ostdeutsche in die Eliten schaffen* eigens betont hat.[43] Wer nichts dergleichen vorweisen kann, hat keine Chance auf eine gute Position und wird kurzerhand aussortiert. Wäre ich selbst nicht immer wieder länger über Monate und Jahre in den USA gewesen, also im Westen des Westens, wäre ich vermutlich nie berufen worden. Ich habe wesentlich mehr Auslandserfahrung als viele meiner germanistischen Professorenkollegen und -kolleginnen, aber da sie alle aus dem Westen kommen, hatten sie es gar nicht nötig, sich auf den Weg zu machen, weil sie sich auf die alten etablierten westdeutschen Netzwerke verlassen konnten und können.

Neuerdings will man im Rahmen einer Studie entdeckt haben, dass der eigentliche Grund, warum Ostdeutsche keine relevanten Positionen in den gesellschaftlichen Eliten besetzen, nicht etwa bei den Westdeutschen zu suchen ist, sondern bei den Ostdeutschen selbst, die gar kein Interesse an Spitzenpositionen und Angst vor Verantwortung hätten, generell zu bequem und zu selbstzufrieden seien und sich mit der zweiten und dritten Reihe begnügten! Das ist ja doch zu schön, um wahr zu sein, vor allem ist es eine schöne Ausrede! Ganz erstaunlich, dass darauf bisher niemand gekommen ist. Aber natürlich ist »der Ossi« wie immer selbst schuld: »Selbstmarginalisierung« lautet das Zauberwort. Außerdem seien Ostdeutsche, so die Autoren der in einem online-Artikel referierten Studie, weniger »risikofreudig« und hätten das »Streben in die Elite« nicht gelernt.[44] So eine schöne und überzeugende, ja geradezu luxuriöse Erklärung kommt einem vermutlich in einem Charles-Eames-Sessel, wirklich, und obendrein kommt der Neoliberalismus hier ganz zu sich selbst. Man weiß ja schon lange, dass »der Ostdeutsche« faul und inkompetent ist, nun stellt sich zusätzlich heraus, dass ihm auch jeder Ehrgeiz fehlt.

Es ist ganz ausgezeichnet, wenn vielen Ostdeutschen, denen Anfang der Neunzigerjahre der Boden unter den Füßen komplett weggezogen wurde, weil sie ihre Arbeit, ihre Grundstücke, ihr Weltvertrauen verloren haben, und die sich völlig neu orientieren, oft neu erfinden, ja das Leben neu erlernen mussten, ein Mangel an Risikofreudigkeit bescheinigt wird. Von dem Lebensrisiko, in dem viele gerade in der 1990ern und weit darüber hinaus existiert haben und bis heute existieren müssen, hat der Westen offenbar nicht die leiseste Ahnung. Nach Bremen gehören die ostdeutschen Bundesländer »zur Gruppe der Regionen mit den höchsten Armutsgefährdungsquoten. Dauerhafte Armut (über einen Zeitraum von fünf Jahren) kommt hier sechsmal so häufig vor wie in den alten Bundesländern, wo wiederum 95 Prozent der Einkommensreichen zu finden sind.«[45] Mangelnde Risikofreudigkeit? *WTF?!* Armutsrisiko! Angesichts der wegen des Krieges momentan galoppierenden Inflation, der drohenden Rezession, der Energiekrise und den in der Folge dramatisch wachsenden Lebenshaltungskosten ist der Osten wiederum viel schärfer von Verlusten aller Art betroffen, denn es gibt kaum oder keine Rücklagen, kaum oder kein Vermögen, kaum oder keinen Besitz, kaum oder kein Erbe, »dafür« aber weniger

Lohn, weniger Rente, weniger Sicherheit: Risiko in jeder Hinsicht ist die äußerst dünne Lebensluft, die der Osten atmet. Wenn er nicht mit und seit der Revolution von 1989 permanent ins Risiko gegangen wäre, hätte er überhaupt nicht überlebt. Vor diesem Hintergrund den Mangel an Risikofreudigkeit als Grund ins Feld zu führen, warum der Osten keine Spitzenpositionen besetzt, ist so absurd wie zynisch und perfide. Von zentraler Bedeutung sind dagegen die omnipräsenten gesellschaftlichen Ausschlussmechanismen. Mit Bourdieu muss man dabei nicht lange überlegen, ob die hier wirkenden »*nicht fühlbaren* Ausgrenzungspraktiken« noch als »sanfte Eliminierung« zu bezeichnen sind oder nicht doch schon als »brutale Eliminierung«.[46]

Im Blick auf die Alterskohorte verweise ich hier nochmals auf neuere soziologische Studien, in denen nachgewiesen wurde, dass die seit 1990 gesamtgesellschaftlich mit *am meisten* benachteiligte Gruppe die der ostdeutschen Männer insbesondere der Jahrgänge 1945–1975 ist, das heißt die erste und zweite männliche Nachkriegsgeneration in der DDR.[47] Also präzise diejenigen, die von den sozialen und leider auch öffentlich-rechtlichen Medien besonders gern als Wutbürger, AfD-Wähler, Nazis, Rassisten oder einfach als unzurechnungsfähige stammelnde Primaten hergerichtet und zugerichtet werden. Diese Beispiele werden von den Medien gezielt gesucht und ausgesucht, damit sie im nächsten Schritt als repräsentativ hingestellt werden können. Darunter finden sich durchaus auch jene Leute, die 1989 die Diktatur in die Knie gezwungen und sich in die Mündigkeit und Freiheit gekämpft haben – um dann freilich auf andere Weise sofort wieder *entmündigt* zu werden, weil sie keine Macht, kein Geld, keine Beziehungen und oft keine Arbeit mehr hatten. Entmündigt, wohlgemerkt, von und in der Demokratie![48] Davon ist selbstverständlich außerhalb der Soziologie nie die Rede. Wer aber keinen Zusammenhang zwischen der vollständigen sozialen Entwertung dieser Menschen im wiedervereinigten Deutschland und bestimmten zeitgenössischen Entwicklungen zu erkennen vermag, der weiß nichts von den Langzeitwirkungen der Geschichte. Überhaupt bin ich immer wieder überrascht, wie abenteuerlich unhistorisch die gegenwärtigen Zustände selbst in den sich für reflektiert haltenden Medien gedeutet werden. Das ist ganz offensichtlich Bestandteil jenes »totalitären Präsentismus«, den Horst Bredekamp jüngst in anderem Zusammenhang kritisiert hat.[49]

Und da ich gerade bei der Geschichte bin, will ich noch den entscheidenden Schritt weiter zurückgehen, hin zum Ursprung der gesamten Misere. Von 1933 bis 1945 haben die Deutschen gemeinsam mit dem Österreicher Adolf Hitler das sogenannte Dritte Reich verantwortet, den Nationalsozialismus, den Zweiten Weltkrieg, den Holocaust und dabei alle denkbaren und undenkbaren Verbrechen begangen. Deshalb wurde das Land von den Siegermächten geteilt, und das heißt konkret, dass mit der Konferenz von Jalta auch das Schicksal des Ostens besiegelt wurde, und zwar, wie ich meine, auf weit über 100 Jahre hinaus; 77 davon sind ja bereits vergangen. Während der Westen nach dem Krieg den Marshallplan[50] für die Wirtschaft und *political re-education* zur Orientierung in der Demokratie bekommen hat und sich weiter nach Westen integrieren durfte, musste der Osten riesige Reparationen[51] an die Sowjetunion bezahlen und 40 Jahre unter realer Gewalt hinter dem Eisernen Vorhang zubringen. In den Worten Heinrich August Winklers: »Die Ostdeutschen waren von vornherein die eigentlichen Kriegsverlierer gewesen.«[52] Das ist allerdings *bis heute* so geblieben! Es ist aber gar nicht einzusehen, dass auf Dauer nur der Osten die Folgen des von allen Deutschen verantworteten Nationalsozialismus ausbaden soll.

4.

Der »Osten«: Zuschreibungsspiele und Essentialisierungen

»Daß hinsichtlich der Bezeichnungen der Himmelsrichtungen neue Überlegungen angestellt werden müssen, fiel mir auf, als ich im Hafen von San Francisco gemeinsam mit einem Freund das flache Dach seines Hauses bestieg, um von dort einen Blick über die um uns weiß auf- und absteigende Stadt zu gewinnen. Als bei einer nicht weiter bedeutenden Wendung unseres Gesprächs mein Freund einige Eigenschaften der so bezeichneten westlichen Welt zur Sprache brachte, folgte ich mit den Augen seiner zu meinem Erstaunen weit auf den Pazifik hinausweisenden Hand, welche nach Rußland und China hin zeigte. Gilt es, entgegnete ich, nicht als ausgemacht, daß jene Länder zum Osten gehören? Wenn Du in den Westen zeigst, zeigst Du dann nicht in den Osten? Den Osten, rief er, haben wir schon im Osten! Ist es dann nicht ungünstig für Euch, entgegnete ich, an beiden Küsten von Osten umgeben zu sein? Der wirkliche Osten, wenn ihr ihn sucht, ist im Westen, während der Westen, von dem ihr sprecht, weit im Osten entfernt ist!«

Reinhard Lettau, *Zur Frage der Himmelsrichtungen*

Nichts von dem, was ich hier sage, ist neu, aber es scheint an der Zeit, es abermals und vielleicht anders zu sagen. Zumindest alle, die mit der Zuschreibung

»ostdeutsch« rechnen müssen, mit den damit verbundenen Implikationen, Diskreditierungen, Vorurteilen, Abwertungen und Ausschlussmechanismen, wissen um das Folgende, weil sie es immer und immer wieder erlebt haben und weiterhin erleben. Das gilt selbst dort, wo das Adjektiv humorvoll, witzig oder ironisch verwendet wird.

An dieser Lage ändert auch die gern von westdeutschen Politikern bediente Phrase nichts, man solle »Respekt vor der Lebensleistung der Ostdeutschen« haben. Das ist genauso wohlfeil und nutzlos wie das Klatschen für die Pflegekräfte zu Beginn der Corona-Pandemie: Es kostet nichts und ändert nichts, aber man hat sich mal wieder ein gutes Gefühl verschafft. Ohne Ironie und Selbstironie freilich ist das Ganze nicht auszuhalten.

Generell stellt das auf DDR-Erfahrung oder »Ost«-Erfahrung beruhende Wissen als Systemwissen entweder ein spezifisch »ostdeutsches« Wissen dar oder, sofern sie professionell damit befasst sind, das Wissen von Spezialisten, von Soziologen, Zeithistorikern, Politikern oder Journalisten. Es gibt kein gesamtdeutsches Wissen und keinen gesamtdeutschen öffentlichen Raum, weil es offenbar kein gesamtdeutsches Bewusstsein gibt oder schlicht kein übergreifendes Interesse an diesem Wissen. Und ich rede hier bewusst von Wissen und nicht von »Gefühlen«, »Befindlichkeiten« oder »Stimmungen«, die übrigens nicht weniger real, legitim und wirkmächtig wären als »Fakten« und »Daten«. Und in etlichen

Fällen wird sich zeigen, dass die Faktenlage noch weitaus schlimmer ist als die Bewusstseinslage.

Was ist, so kann man in einem ersten Versuch fragen, eigentlich »der Osten«? Eine Himmelsrichtung, ein geografischer Raum, eine flexible, von der jeweiligen Perspektive abhängige räumliche Relation? Naher Osten, mittlerer Osten, ferner Osten? Wer befindet darüber? Ist es ein symbolischer Ort, ein Imaginäres, ein Phantasma? Vorläufig könnte man sagen: alles zusammen und alles zugleich. Auf Deutschland blickend muss man freilich ergänzen und präzisieren, dass die Art und Weise, was und wie über »den Osten« öffentlich geredet, geschrieben und gesendet wird, in Form von konstant negativen Identitätszuschreibungen und Essentialisierungen, komplett vom »Westen« beherrscht und durchherrscht ist. Dabei fungiert der Begriff »Osten« als infames Zeichen der Unterscheidung, Distanzierung und Ausgrenzung sowie als totalisierende Markierung. Der Diskurs des Westens über den Osten ist monolithisch und extrem binär, weil offenbar die Festlegung »Osten« aufgrund der vermeintlich eindeutigen historischen und geografischen Konturen so wunderbar leicht zu handhaben ist. Der Westen redet immer positiv von der Vielfalt der Welt, hält aber in schönster Einfalt seine eigene Perspektive für die einzig mögliche. Und mit diesem Monopol der Perspektive verbindet er zugleich das Monopol auf die Wahrheit und das Monopol auf die Moral.

Die damit einhergehende Verschiebung aller Probleme in den Osten ist nur ein Zeichen von Bequemlichkeit und Denkfaulheit. Die Zuschreibungen, die man als Ostdeutscher kontinuierlich ertragen muss, haben vielfach dazu geführt, dass hier kein »intaktes Selbstverhältnis« aufgebaut wurde. Der »Osten« ist eine jener charakteristischen »gesellschaftlichen Imaginationen«, deren Funktion Axel Honneth zufolge darin besteht, dass sie »bezüglich der fixen Eigenschaften, die den sozialen Gruppen jeweils zukommen sollen, wie ›Weichensteller‹ die Bahnen bestimmen, auf denen sich die Interessen der Machthabenden an ihrer Selbstlegitimation dann Befriedigung verschaffen können. Man folgt so widerstandslos den sozial zirkulierenden Trugbildern, nach denen die Machtlosen stets zur Unaufrichtigkeit, Prinzipienlosigkeit und Immoralität neigen, weil das einem das befriedigende Gefühl schenkt, mit guten Gründen über all die Privilegien und Vorteile zu verfügen.«[53] In dieser Weise ist der Osten sozial eingegliedert, diskursiv und machtpolitisch aber weithin ausgeschlossen. Dem Osten wird, gern zumal mit der Begründung der Diktatursozialisation, die Herkunft madig gemacht, die Vergangenheit und, wenn man Sächsisch oder einen ähnlichen Dialekt spricht, obendrein noch die Sprache. Folglich handelt es sich um eine allumfassende Infragestellung oder gar Vernichtung dessen, was der Mensch unwiderruflich sein Eigen nennen zu können vermeint. Damit nicht genug, wird das entstandene Vakuum mit Zuschreibungen gefüllt, mit dem, was man sich so über den »Osten« denkt, werden die Menschen im Osten zu »Ostdeutschen« gemacht, mit Vorurteilen, Stereotypen, Ressentiments und so weiter.

Zweiter Versuch: Was ist »der Osten«? Wie lustigerweise *drei westdeutsche Arbeitsgerichte* amtlich festgestellt haben, stellen die Ostdeutschen keine »Minderheit« dar und fallen deshalb nicht unter die Diskriminierungsgesetze. Ein Schelm, wer Böses dabei denkt. Die entsprechenden Klagen wurden allesamt abgewiesen (Würzburg 2009, Stuttgart 2010, Berlin 2019). Aber natürlich bilden die Ostdeutschen auch keine *Mehrheit*, wie einfache Zählungen immer wieder ergeben. Was also ist der Osten mit seinen Ostdeutschen, oder vielmehr: Was soll er sein, wenn er nicht Minderheit, aber auch nicht Mehrheit ist? Die Antwort ist klar: Er soll entweder »Osten« sein oder – *gar nichts*. Und genau so wird er im öffentlichen Raum verhandelt und auch behandelt. Das hält der Westen, der nicht weiß, dass er Westen ist, für »ganz normal«. Wie könnte es schließlich anders sein? Aufgrund dieser völlig inakzeptablen Lage wird es im Folgenden dezidiert nicht darum gehen, »was der Osten« im Sinne einer Ontologisierung, Substanzialisierung oder Essenzialisierung womöglich »ist«, sondern was ihm auf welche Weise unablässig unterstellt wird. Jeder mit einer Herkunft aus dem Osten weiß, wovon ich spreche, nämlich von einer geradezu leibhaften Entwertungserfahrung durch permanente Negativzuschreibungen, wobei sich dieses niederträchtige *Zuschreibungsspiel* perfiderweise als *Wahrheitsspiel* ausgibt. Identitätszuweisungen stellen eine wichtige Herrschaftstechnik dar, indem sie dem Adressaten keinen Spielraum zu Entfaltung und Selbstentfaltung geben. Das gilt besonders da, wo, wie im Osten, keine vom Westen unabhängigen symmetrischen Selbstzuschreibungsdiskurse existieren.

Dritter Versuch: Wenn man nicht gerade wieder den »Osten« in Verruf bringt und für alles Schlechte verantwortlich macht, wird zuweilen so getan, als gäbe es keine »Ostdeutschen« mehr, weil die Unterschiede aufgrund von Wanderbewegungen und Durchmischungen doch längst verschwunden seien, während sie doch zugleich immerzu gemacht werden. Dann wird augenzwinkernd gefragt: Wer ist eigentlich ostdeutsch? Jemand, der dort geboren ist? Jemand, der dort geboren ist und nun dort lebt? Jemand, der nicht dort geboren ist, aber nun dort lebt? Jemand, der dort geboren ist, aber nun nicht mehr dort lebt? Die implizierte Forderung nach Differenzierung sowie der Verweis auf innerdeutsche Umzüge von Ost nach West und West nach Ost sollen die vermeintliche Auflösung der Kategorien bedeuten. Das ist ein wahrlich merkwürdiges Spiel, weil jeder die Zuordnungen innerlich längst für sich entschieden hat. Jeder Westdeutsche, der schon lange im Osten lebt, möge sich fragen, ob er oder sie sich gemeint oder getroffen fühlt, wenn mal wieder »der Osten« kritisiert wird, oder ob es da nicht eine Restreserve gibt, ein Hintertürchen, durch das man notfalls schlüpfen kann, wenn man zwar im Osten lebt, aber doch aus dem Westen kommt und sich im Stillen sagen darf, dass man eigentlich Westdeutscher ist und bleibt. Das *kategoriale Privilegiertsein* verliert ein Westdeutscher auch im Osten nicht. Man könnte folglich noch härter sagen: »Ostdeutsch sein« ist für jeden Bundesbürger ein durchgängig bestimmter Begriff, weil jeder doch sofort von sich sagen kann, ob er »Ossi« ist oder nicht, ganz gleich, wo er jetzt lebt oder gelebt hat. Die Zuschreibung erfüllt eine große Deutlichkeit. Daran zeigt sich, inwiefern die mit ihr verbundenen Diskursmuster wirksam sind.

Und natürlich wird situationsabhängig gern jeweils so argumentiert, wie man es gerade braucht. Man erinnere sich nur an Michael Ballack, der Anfang der Nullerjahre bekanntlich der bei Weitem beste deutsche Fußballer war, ein gefeierter internationaler Star, der viele Spiele fast im Alleingang für Deutschland entschieden hat. Sobald es aber mal nicht gut für die Nationalmannschaft lief, wurde ihm, unter anderem von Günter Netzer, meinem einstigen Idol, mangelnde Führungskraft attestiert, weil er in der DDR »ja nur im Kollektiv zu spielen gelernt« hätte, wo also der Einzelne nichts hatte gelten sollen und individuelle Stärke angeblich nicht gefragt war. Wie unsinnig! Nach den USA und der Sowjetunion war das Miniland DDR Ende der Achtzigerjahre die drittstärkste Sportnation weltweit. Die Fülle an Siegen bei Olympiaden sowie bei Welt- und Europameisterschaften wäre ohne individuelle Stärke auch im Mannschaftssport nie zu produzieren gewesen, vom weltweiten Doping gar nicht zu reden, ob nun bei Kornelia Ender, Ben Johnson oder Florence Griffith Joyner.*

Vierter Versuch: Wenn hier von »Osten« geredet wird, geht es um die deutsch-deutschen Zusammenhänge, um die mediale, diskursive, politische Konstruktion des »Ostens« innerhalb Deutschlands, um jenes »Ostdeutschland«, das kurioserweise in bestimmten Zusammenhängen zugleich »Mitteldeutschland« umfassen soll, weshalb es auch einen »Mitteldeutschen Rundfunk« gibt, der von den Bundesländern Thüringen, Sachsen und Sachsen-Anhalt veranstaltet wird. Dieser Terminus mag vor langer Zeit seine historische Berechtigung gehabt haben, aber seit 1945 mutet er doch reichlich suspekt an und dürfte beispielsweise für polnische und tschechische Ohren bedrohlich erscheinen, da er suggeriert, es gäbe »das eigentliche Ostdeutschland« noch östlich von Oder und Neiße. Immerhin liegt Passau östlich von Ostdeutschland, wenn auch im Süden: Man sieht schon, wie schnell sich die Begriffe verwirren, obwohl doch immer alle zu wissen scheinen, wovon die Rede ist. Genauer geht es um das Gebiet der ehemaligen DDR, einen spezifischen geografischen Raum, der nur drei Landesgrenzen hatte und der mit seiner Geschichte zugleich bis in die Gegenwart reicht,

* Im 100-Meter-Finale der Männer bei den Olympischen Spielen in Seoul 1988 sollen sechs von acht Endlaufteilnehmern gedopt gewesen sein, nicht nur Ben Johnson. Es gilt als »the dirtiest race in history«. An dem Rennen waren, wohlgemerkt, gar keine DDR-Athleten beteiligt.

um die nach 1990 lange so genannten »fünf neuen Bundesländer«, die nun auch schon in die Jahre gekommen sind.

Zum Zeitpunkt der Niederschrift dieses Textes ist dieser geschichtspolitisch-geografische Raum 32 Jahre alt. Mit Blick auf das Lebensalter ist die 30 bekanntlich eine hochgradig symbolträchtige Zahl, weil sie das sichtbare und unwiderrufliche Ende der Jugend als Schwelle markiert und den oft schmerzhaften Übertritt ins Erwachsenalter. Es ist das Alter, in dem man sich vielleicht zum ersten Mal historisch wird, ein Fazit des bisher Gelebten und Geleisteten zieht und zugleich vor der Frage innehält, wie es weitergehen soll. Die Weltliteratur bietet eine Fülle an Figuren, welche dieses Alter als entscheidende Wendung in ihrem Leben erfahren, als Befreiung zum eigenen Sein, mehr aber noch als Sturz in eine existenzielle Krise. Das kann man in Texten von Kleist und Kafka ebenso beobachten wie in Texten von Balzac und Bachmann, aber auch in vielen weiteren.

Was für Individuen gilt, mag auch für Kollektive und Gesellschaften gelten, nämlich im Alter von 30 Jahren Bilanz zu ziehen und eine Standortbestimmung vorzunehmen, die zugleich Rückblick und Ausblick ist. Die Vielzahl der 2019 und 2020 zu den jeweiligen 30. Jahrestagen von Revolution und Wiedervereinigung erschienenen Publikationen deutet auf die Notwendigkeit einer solchen Verständigung hin. Das Ende der DDR und der politische Umbruch von 1989/1990 liegen jetzt über 30 Jahre zurück. Historiker haben festgestellt, dass in allen Kulturen 30 bis 40 Jahre eine Epochenschwelle bilden, weil sich hier das kommunikative Gedächtnis in ein kulturelles Gedächtnis zu verwandeln beginnt. Bei der Mehrheit der Zeitzeugen nimmt mit dem Alter die Erinnerung zu und wird ein einschneidender Faktor bei der Wahrnehmung der Gegenwart; oder anders gesagt: Ihr Erfahrungsraum wächst, während ihr Erwartungshorizont schrumpft.[54] Zugleich werden die mündlichen Wissensformen zunehmend durch schriftliche ersetzt, wird die persönliche Erinnerung durch die Medien abgelöst.[55] Mit der Umstellung der Erinnerungspolitik stehen dann immer zugleich politische Fragen der Gegenwart zur Disposition.

Vor diesem Hintergrund ist nicht »der Osten« das Problem, sehr wohl aber die auf ihn bezogenen primitiven, durchweg negativen oder negativ konnotierten Attributierungen, die unzähligen Simplifikationen, Insinuationen und Denunziationen, derer ich einfach müde bin. Da also über den Osten meist das Falsche falsch gesagt wird, kommt es mir hier zugleich auf ein Hauptinteresse des Buches an, das heißt auf die radikale »Des-Identifizierung«, wie Jacques Rancière dies nennt. Er versteht darunter das absolute Recht eines Individuums oder einer gesellschaftlichen Gruppe, eine Identität *nicht zugeschrieben* zu bekommen.[56] Von diesem Recht mache ich hier Gebrauch. Paradoxerweise muss sich eine solche Gruppe erst selbst identifiziert haben, um gegen diese Zuschreibungen vorgehen zu können. Darüber hinaus ist noch anderes zu leisten, weil der Osten nicht nur *desidentifiziert*, sondern auch *desinfiziert* werden muss, damit er aus der Schmuddelecke herausfindet, in die ihn der Westen zur Sicherung des eigenen Wohlbefindens erfolgreich verbannt hat.

So erfolgreich, dass bei manchen der Selbsthass einsetzen konnte. Ein Kollege von mir ist mit seiner Familie nach Halle gezogen, wo sie als Erstes gefragt werden, warum sie hierher in den Osten gekommen wären, hier gäbe es doch nichts, besser wären sie im Westen geblieben. Auch das ist ein Zeichen einer fatalen Entwicklung, wenn die Leute ihren Stolz auf die eigene Heimat aufgegeben haben, weil sie sich um die eigene Ehre gebracht und gedemütigt fühlen. Im Westen dagegen sind die Menschen in der Regel stolz auf ihre Heimat, auf ihre regionalen Besonderheiten und Schönheiten, auf die Lebensqualität; natürlich nicht überall, aber doch mehrheitlich. Zumindest ruht man eher in sich selbst, weil die Dinge eben so sind, wie sie sind. Das ist dem Osten komplett genommen. Diese Heimat und diese Herkunft sind vielmehr unter Dauerbeschuss; man soll sich ihrer schämen und soll sich rechtfertigen. In Ostsachsen kommen aufgrund von Abwanderung Richtung Leipzig, Dresden, Berlin und Westen auf 300 junge Männer nur noch 100 junge Frauen.[57] Welche Lebensaussichten bieten sich in dieser dramatischen Lage dann jenen Männern, die eine Familie gründen wollen? Die Frage kann sich jeder selbst beantworten und sich auch gleich die unmittelbaren Folgen für das soziale Gefüge vor Ort und für Gesellschaft und Demokratie insgesamt ausmalen.

Kein Bayer, kein Rheinländer, kein Hamburger und kein Schwabe (»The Länd«…) hat öffentlich ein Problem damit, seine Herkunft zu benennen. Im Osten dagegen erscheinen Heimat als definierter Raum und Herkunft als definierte Zeit nur im Modus der Verleumdung und der Katastrophe. Viele derjenigen aus dem Osten, die gegen alle Widerstände und gegen alle Wahrscheinlichkeit erfolgreich geworden sind und sich etabliert haben, räumen ein, ihre Herkunft verschwiegen oder nur zur Not thematisiert zu haben, weil ihnen klar war, welche Stigmatisierung damit einhergeht. Wo gegen alle Erwartung ein Aufstieg dennoch gelungen ist, war das Verleugnen, Verschweigen, implizite und explizite Distanzieren der Herkunft aus dem Osten oft die Grundvoraussetzung, geradezu eine *conditio sine qua non*. Entsprechend hat auch Angela Merkel erst ganz am Ende ihres politischen Wirkens, in ihrer *allerletzten* Rede, die Beschädigungen und Diskriminierungen thematisiert, die sie aufgrund dieser Herkunft erfahren musste. Und diese Abschlussveranstaltung war selbst signifikant für das vorherrschende Kommunikationsgefälle zwischen West und Ost. Denn die ja komplett westdeutsch dominierten überregionalen Medien, ob nun Zeitungen, Rundfunk- oder Fernsehsender, sind auf lachhafte Weise nicht damit zurechtgekommen, dass Angela Merkel ein Lied der Punk-Ikone Nina Hagen zum großen Zapfenstreich hat spielen lassen: »Du hast den Farbfilm vergessen«. Das wurde als Kuriosität abqualifiziert, als Ostalgie und peinliche Sentimentalität. Obendrein hatte die Bundeswehrkapelle noch Schwierigkeiten, das Lied überhaupt zu spielen. Als dagegen Gerhard Schröder bei seinem Abschied die absolut einfallslose Idee hatte, Frank Sinatras »I did it my Way« spielen zu lassen, gab es kein Problem und selbstverständlich keine Fragen, im Gegenteil. Das alles zusammen darf man als Blamage auf ganzer Linie bezeichnen. Ein durch und durch unwürdiges Schauspiel.

Ein Leipziger Professorenkollege, der *naturgemäß* aus dem Westen kommt, lobt an Leipzig, dass es so sei wie eine »ganz normale westdeutsche Stadt«. Gut ist der Osten demnach nur dann, wenn er so ist wie der Westen. Da erscheinen »Westen« und »Normalität« gleich als Synonyme.

Eine Umfrage im Jahr 2019 ergab, dass bis zu diesem Zeitpunkt, also bis 30 Jahre nach dem Mauerfall, rund 17 Prozent der Westdeutschen überhaupt noch nie im Osten waren, mithin jeder Sechste. Aber 100 Prozent haben zweifellos eine klare Vorstellung von diesem »Osten«. Und bei nicht wenigen wird sich darüber sagen lassen: meinungsstark, aber ahnungslos. Dabei wird der »Osten« als homogenes Gebilde ohne regionale Eigenheiten gefasst, förmlich als Block, den man 1990 zwar verschluckt, aber immer noch nicht verdaut hat, ja an dem man immer noch würgt, weil die westdeutsche Peristaltik auf so eine Mahlzeit mit Nebenwirkungen nicht vorbereitet war.

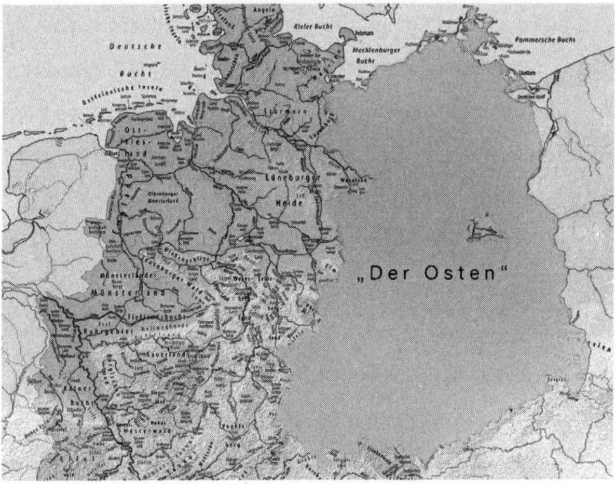

https://uebermedien.de/wp-content/uploads/2021/06/der_osten.jpeg

Die Wahrnehmung und Konstruktion des »Ostens« in der jüngeren Vergangenheit und Gegenwart, die ich hier zu beschreiben versuche, zehrt ohne Zweifel von älteren Deutungsmustern, die mit dem aufkommenden Nationalismus im 19. Jahrhundert verbunden sind. Besonders gut sehen kann man das an einem der erfolgreichsten Romane des bürgerlichen Realismus, wie er sich nach der Revolution von 1848 Bahn bricht, dem 1855 veröffentlichten Roman *Soll und Haben* von Gustav Freytag. Dieses wirkmächtige Buch, in dem sich realistisches und nationalistisches Paradigma verbinden, wurde bis weit ins 20. Jahrhundert hinein in großen Auflagen gedruckt und verzeichnet die höchsten Verkaufszahlen signifikanterweise von 1918 bis 1930 sowie noch einmal von 1945 bis 1960, also jeweils direkt nach den beiden Weltkriegen. Allein in der Phase

1945 bis 1960, der Zeit des Wirtschaftswunders, lag die Zahl der verkauften Exemplare in der BRD bei einer halben Million! Das scheint kein Zufall zu sein, werden in dem Buch doch die sogenannten »deutschen Werte« inszeniert und prämiert wie beispielsweise Arbeit, Sauberkeit, Fleiß, Pünktlichkeit, Ehrlichkeit oder »Anständigkeit«.[58] Diesem vermeintlich »Deutschen« sind im Roman zwei Kultur- und Lebensformen diametral entgegengesetzt: zum einen das jüdische Leben, zum anderen das Leben der Polen oder allgemein der Slawen. Schauplatz der Handlung ist das im heutigen Polen gelegene Schlesien, seinerzeit deutsch-polnisches Grenzgebiet. Die Darstellung der Juden ist von einem extremen Antisemitismus geprägt, der kein Vorurteil und kein Klischee auslässt – eine derart verächtliche Darstellung, dass sich sogar der junge Theodor Fontane veranlasst sah, in seiner Rezension des Buchs festzustellen, er selbst sei ja ebenfalls kein Freund der Juden, das aber ginge doch zu weit. Später hat Hans Mayer, der berühmte Leipziger und dann Tübinger Germanist, darauf hingewiesen, dass Freytags Stereotype als Muster für das nationalsozialistische Hetzblatt *Der Stürmer* gedient haben. Nicht weniger negativ ist die Darstellung der Polen und der Slawen insgesamt, die faul, dumm, »liederlich«, unehrenhaft und prinzipiell keiner wirklichen Kultur fähig seien. Da ist unter anderem von »Polackenwirtschaft«[59] die Rede und von »slawischer Sahara«[60]. – Natürlich redet auch Wolf Jobst Siedler in seinen Fantasien von der Kolonisierung des Ostens noch abfällig von »polnischer Wirtschaft«[61]. – Die Slawen im Osten werden bei Freytag als die eigentlichen Barbaren gezeichnet, die erst kolonisiert, zivilisiert und kultiviert werden müssen. »Was man dort Städte nennt, ist nur ein Schattenbild der unsern, und ihre Bürger haben blutwenig von dem, was bei uns das arbeitsame Bürgertum zum ersten Stande des Staates macht.«[62] Der von einem unerträglichen deutschen Dünkel durchzogene Text ist antisemitisch und antislawisch zugleich, und insofern er dezidiert antislawisch ist, hat er maßgeblich das Bild vom »Osten« als einer minderwertigen, unzivilisierten und unkultivierten Region geprägt, eine Vorstellung, die sich tief ins deutsche Bewusstsein eingegraben hat bis hin zur rassistischen Konstruktion des »russischen Untermenschen« durch die Nazis,[63] die für die mehr als 25 Millionen Toten der Sowjetunion im Zweiten Weltkrieg ohne Zweifel mitverantwortlich gewesen ist.

Augenscheinlich ist »Osten« keine Himmelsrichtung mehr, sondern bezeichnet das prinzipiell Rückständige, Unkultivierte, Barbarische. Die negativen Zuschreibungen und Assoziationen setzen sich nach dem Zweiten Weltkrieg ungebrochen fort, in den Bezeichnungen »Ostzone«, »Ostblock« und »Osteuropa« ebenso wie in Adenauers abfälligen Bemerkungen, hinter Kassel beginne die »Walachei« und bei Magdeburg »Asien«, in sogenannten »Polenwitzen« genauso wie schließlich im Neologismus »Ossi«; die Liste pejorativ besetzter Begriffe und Bilder könnte man beliebig verlängern. Letztlich sind alle Wortbildungen, die den Bestandteil »Ost-« enthalten, kontaminiert und unbrauchbar geworden. Sie müssen, mit Wittgenstein gesprochen, in die Reinigung gegeben werden, bevor man sie wieder benutzen kann, zumal viele Westdeutsche gar nicht begreifen, dass und wie dreckig diese Begriffe sind. Und nicht zu vergessen: Die Vorurteile und Ressentiments schwingen in der allgemeinen Wahrnehmung gegenüber Osteuropa bis heute mit. Mentalitäten, so könnte man Walter Benjamin paraphrasieren, verändern sich so langsam wie Gesteinsschichten. Dass unter solchen Voraussetzungen jemand, der von der Bundesregierung ausdrücklich als »Ostbeauftragter« installiert wurde, ganz unabhängig von der Person keine Chance hat, ernst genommen zu werden, versteht sich förmlich von selbst; dass es diesen Posten überhaupt gibt, ist das Symbol eines ungeheuerlichen Paternalismus.

Es gibt noch einen weiteren, ins 19. Jahrhundert zurückreichenden Faktor, der sich mit der Industrialisierung herausgebildet und massiv zur negativen Aufladung der Himmelsrichtung »Osten« beigetragen hat. Denn in Mitteleuropa wurden im 19. Jahrhundert im Zuge der Industrialisierung die großen, Gift, Lärm und Dreck verursachenden Industrieanlagen fast stets im Osten der Städte errichtet, damit Rauch und Abgase von den meist herrschenden Westwinden aus den stetig wachsenden Ansiedlungen geweht würden. Der Osten ist folglich nicht nur unkultiviert, sondern obendrein noch *hässlich und schmutzig*. Bis heute liegen deshalb die attraktiven Wohngebiete oft in den zentrumsnahen Westteilen der Städte, in Berlin, in Frankfurt am Main oder auch in Leipzig, das ebenfalls seinen reichen oder zumindest »hippen« Westen hat: mit dem Waldstraßenviertel, dem Musikviertel, Schleußig, Plagwitz oder Gohlis-Süd. Da finden sich viele Altbauten aus der Gründerzeit, umgeben von wasserreichen Parks, Villen, Bioläden, Naturdrogerien, Pilates- und Yogastudios, verkehrsberuhigten Straßen, mit kurzen Wegen in die Innenstadt. In mehr als einem Sinne und nicht zufällig sind dies lebenswerte »Westmilieus«. Der Leipziger Osten dagegen ist fast verrufen, sowohl aufgrund der dort vielfach anzutreffenden prekären Lebensumstände und der in Teilen rechtsradikalen Tendenzen als auch aufgrund der insgesamt hohen Kriminalität mit der notorischen Eisenbahnstraße als offizieller Waffenverbotszone. Die radikale soziale Segregation vollzieht sich gerade in Leipzig im Höchsttempo.

Dieses Phänomen, den Osten generell für schlecht, hässlich und schmutzig zu halten, gibt es interessanterweise auch in anderen europäischen Ländern. Der Schriftsteller Wolfgang Büscher bezeichnet das in seinem Buch *Berlin – Moskau. Eine Reise zu Fuß* als »Kontinentalverschiebung«: »Der Osten ist etwas, das keiner haben will. [...] Hatte ich in Brandenburg gefragt, wo der Osten anfange, war die Antwort gewesen: drüben in Polen natürlich. Fragte ich in Polen, hieß es: Der Osten fängt in Warschau an, na ja, im Grunde gehört Warschau schon dazu. Man versicherte mir, Westpolen und

Ostpolen, das könne man nun wirklich nicht vergleichen, das sei doch etwas ganz anderes, ich werde schon sehen, wenn ich erst einmal östlich von Warschau sei. Eine andere Welt – provinzieller, ärmer, dreckiger. Östlich eben. [...] In Belarus sollte es wieder von vorn losgehen, [...] der Osten wurde weiter und weiter gereicht, von Berlin bis Moskau. Bis kurz vorher, um genau zu sein, denn Moskau [...] *ist wieder Westen.*«[64] Vor knapp zwanzig Jahren konnte man das noch denken und schreiben. Putins Krieg hat auch das zerstört.

Eine Zeit lang dachte ich, es sei alles auf gutem Wege, das von Willy Brandt erhoffte Zusammenwachsen dessen, »was zusammengehört«, schreite voran. Die wichtigsten Positionen des Landes waren mit Ostdeutschen besetzt: Angela Merkel als Bundeskanzlerin, Joachim Gauck als Bundespräsident, Matthias Sammer als Sportdirektor beim FC Bayern München und ich als Professor für Neuere deutsche Literatur an der Universität Leipzig. Doch inzwischen haben Gauck und Sammer und nun auch Angela Merkel ihre Posten aufgegeben. Ich beabsichtige zwar, noch eine Weile zu bleiben, das ändert aber nichts am eigentlichen Hauptproblem zwischen Ost und West, welches in den letzten Jahren wenigstens vereinzelt öffentlich thematisiert wurde. Sieht man vom *gänzlich irreparablen* ökonomischen Ungleichgewicht ab, ist es die gravierende Unterrepräsentanz Ostdeutscher in gesellschaftlichen Spitzenpositionen. In der zynischen strukturellen, institutionellen und vor allem personellen Benachteiligung des Ostens liegt eines der größten Konfliktfelder der latenten und manifesten Ost-West-Spaltung. Der Anteil Ostdeutscher in Spitzenpositionen in Wissenschaft, Verwaltung, Jurisprudenz, Medien und Wirtschaft beläuft sich derzeit auf durchschnittlich 1,7 Prozent![65] Ein Beispiel mag zur Illustration der Lage genügen: Derzeit nur eine der 108 deutschen Universitäten wird von einer Ostdeutschen geleitet; oder wie es im Newsletter des CHE, des *Centrums für Hochschulentwicklung*, im März 2022 hieß: »Typische Hochschulleitung: Ende 50, männlich und westdeutsch«. Gründe für diese enorme Unterrepräsentanz habe ich schon am Beispiel Jenas genannt. Sie lassen sich für alle anderen gesellschaftlichen Bereiche verallgemeinern: Die aus dem Westen stammenden System-Eliten rekrutieren sich nachweislich nur aus sich selber.[66] Nichts aber erinnert den Osten so sehr daran, Osten zu sein und *ex negativo* auf eine »Ost-Identität« festgelegt zu werden wie dieser gesellschafts- und wirtschaftspolitische *Totalausschluss*. Dementsprechend kann sich der Osten nur *verhöhnt* vorkommen, wenn in Sonntagsreden und zu anderen Anlässen von *Diversität, Diversifizierung, Integration, Inklusion* gesprochen wird, *weil er niemals mitgemeint ist.*

Regelmäßig wird dem Osten sein »mangelndes Demokratieverständnis« vorgehalten, ja aufgrund der Sozialisierung in der DDR-Diktatur gelegentlich sogar die »Demokratiefähigkeit« ganz abgesprochen. Der im Westen geborene Historiker Per Leo attestiert deshalb dem

Westen einen »herrischen Demokratiestolz« und spricht davon, dass sich »vom Westen aus ein Klima der moralischen Einschüchterung ausgebreitet hatte, in dem sich im Osten permanent das Andere der Demokratie wittern ließ«.[67] Das darf man ergänzen: Erstens muss man Leuten, die, teils mit hohem persönlichen Risiko, eine Diktatur in die Knie gezwungen haben, nicht erklären, was Demokratie ist. Ja man kann sogar sagen, dass der Osten die Demokratie besser versteht, weil er sie sich erkämpfen musste, statt sie von den Amerikanern geschenkt bekommen zu haben. Oder wie es bei Klaus Wolfram heißt: »Kein Ostdeutscher verachtete je die Demokratie, weder vor 1989 und erst recht nicht danach – er erkennt sie nur genauer, er nimmt sie persönlicher.«[68] Dennoch versucht der Westen unablässig, die politischen Erfahrungen des Ostens zu delegitimieren, eben weil es ausschließlich Diktaturerfahrungen sein sollen. »Wie kaum eine zweite ist die moderne Demokratiegeschichtsschreibung eine Erzählung der Sieger. Die Zukurzgekommenen der Demokratie, die auf der Berechtigungsstrecke Gebliebenen, sind ihr für gewöhnlich nicht der Rede wert.«[69] Doch der Osten hat ja *nicht nur diese Diktaturerfahrung und dadurch etwa weniger* politische Erfahrung, *sondern ganz im Gegenteil, er hat ein Vielfaches an politischer Erfahrung*, Diktaturerfahrung, Revolutions- und Umsturzerfahrung, dann Erfahrungen in unmittelbarer Basisdemokratie und schließlich Erfahrungen mit der *gegenwärtigen Spielart* der Demokratie als »Post-Demokratie«.[70] Aufgrund dessen hat er logischerweise die Möglichkeit eines hochkomplexen *Vergleichs,* der ihm *selbstredend* gestattet, Dinge *anders* und manches *schärfer* zu sehen. Das begreift der Westen aber nicht oder will es, wie immer, nicht wahrhaben. Denn er hat kurz entschlossen die »Selbstbefreiung des Ostens« als »Sieg des Westens interpretiert« und dergestalt noch den Neoliberalismus gestärkt.[71] Und zweitens macht der Osten seit 1990 die Erfahrung, von der wirklichen Gestaltung und Mitgestaltung dieser Demokratie im Grunde ausgeschlossen zu sein, weil es zwar formale, reell aber nur wenige Chancen auf Teilhabe, Repräsentativität, Einstieg oder gar Aufstieg in gesellschaftlich relevante Teilsysteme gibt, von *Macht, Geld und Einfluss* ganz zu schweigen. Dem Osten unter diesen Prämissen »Demokratiefeindlichkeit« vorzuwerfen, ist nicht nur zynisch, sondern folgt obendrein einem seit Jahrhunderten eingeführten Herrschafts- und Diskursmuster, mit dem der westliche Kolonialismus verschiedener Couleur seine Hegemonie zu begründen sucht. Erst wird die Überlegenheit der Schriftkultur ins Feld geführt, dann jene der Geschichte, später die einer höheren Entwicklung und neuerdings die eines Demokratievorsprungs: »We went from the sixteenth century characterization of ›people without writing‹ to the eighteenth and nineteenth century characterization of ›people without history‹, to the twentieth century characterization of ›people without development‹ and more recently, to the early twenty-first century of ›people without democracy‹.«[72]

Eine repräsentative Demokratie, in der man sich nicht adäquat repräsentiert findet, hat mehr als nur ein Problem, ja im Grunde ist sie überhaupt keine repräsentative Demokratie oder nur Demokratie von einigen für einige. Für die anderen ist sie eine Demokratiesimulation. In den Bundesministerien, wo die politischen Weichen gestellt und die Entscheidungen vorbereitet werden, sind diejenigen mit einer ostdeutschen Herkunft nur mit unter ein Prozent vertreten (Stand Januar 2022).[73] Und welchen Eindruck bekommt man darüber hinaus von dieser Demokratie angesichts etlicher Spitzenpolitiker, die oft ein überaus positives Selbstbild pflegen, aber in manchen Hinsichten ein klar negatives Handeln an den Tag legen, das sich damit gar nicht vermitteln lässt? Politiker im Dutzend, die sich ihre Doktortitel erschlichen oder auf unredliche Weise erworben haben und sie wieder abgeben müssen (Guttenberg, Schavan, Giffey, Koch-Mehrin etc. – hier kommt man beim Zählen ganz außer Atem), die so tun, als sei das ein Kavaliersdelikt, als sei Diebstahl geistigen Eigentums weniger kriminell als Diebstahl von Geld oder Gegenständen; Politiker, die Druck auf Medienanstalten zum Wohle ihrer Karriere oder ihrer Partei ausüben (darunter der ehemalige Bundespräsident Christian Wulff); Politiker, die den Vorgaben von Lobbyisten folgen, insbesondere von Lobbyisten der Automobilindustrie, und die deshalb lange die Einrichtung eines längst überfälligen Lobbyregisters verhindert haben; Politiker, deren Handydaten auf mysteriöse Weise verschwinden, sobald sie justiziabel werden könnten (Scheuer, von der Leyen), ohne dass das Folgen hätte; Politiker, die ihren Lebenslauf manipulieren (Baerbock); Politiker, die sich ohne Folgen in der Öffentlichkeit rassistisch äußern (Oettinger); Politiker, die das eigene Bundesland oder sogar den eigenen Wahlkreis bei der Vergabe von Mitteln und Geldern schamlos bevorzugen (Scheuer, Karliczek); Politiker, die Steuermillionen für externe Berater ausgeben (von der Leyen) usw. usf. Anstand, Würde, Scham, Integrität: Fehlanzeige. Darf man das ein vertrauenswürdiges Bild der Demokratie nennen? Zumal es zwar eine freie Presse gibt, diese aber nicht mehr als wirkliches Korrektiv taugt und oft unwirksam bleibt; von *checks and balances* ist kaum noch etwas zu sehen. Oder sind das einfach die unvermeidlichen Kollateralschäden, die durch Interessengruppen eben erzeugt werden? Und muss jede Kritik der konkret praktizierten demokratischen Wirklichkeit zur Demokratiefeindschaft umgedeutet werden? Als würde eine solche Kritik immer den Schluss nahelegen, lieber in einer Diktatur leben zu wollen. Wie einfältig! Diese Form der Kritik gehört zum Prinzip der Demokratie selbst. Dem Osten aber wird das Recht darauf konsequent abgesprochen.

Auf welche Weise soll der Osten Vertrauen in Institutionen entwickeln, die er nicht mitgestalten, geschweige denn *leiten* darf, die er nur als bürokratische Vollzugsmaschinen, nicht aber von innen kennt, als notwendigen Bestandteil einer funktionierenden Demokratie? In der DDR wurden Institutionen von den meisten eigentlich immer als feindliche und bedrohliche Macht erfahren. Davor musste man schon um des eigenen sittlichen Überlebens willen immer auf der Hut sein. Denn sich auf die Institutionen einzulassen, hieß vielfach nichts anderes, als mit der Macht zu paktieren und sich korrumpieren zu lassen. Die seinerzeit mehrheitlich ausgebildete Skepsis hat sich tief ins Bewusstsein der Ostdeutschen eingesenkt und ist meiner Wahrnehmung nach bis heute nicht abgebaut. So wie man damals gegen das hauptsächlich von den Institutionen repräsentierte »System« auf Distanz ging, so ist auch heutzutage wieder vom »System« die Rede, dem nicht zu trauen sei. Mit diesem Vergleich zwischen Institutionen in der Diktatur einerseits und in der Demokratie andererseits wird keineswegs suggeriert, das sei dasselbe, wohl aber darauf verwiesen, dass es langfristige Gründe für bestimmte Verhaltensmuster gibt, die wiederum durch Effekte verstärkt werden, die aus dem Mangel an Teilhabe in ebendieser Demokratie selbst erwachsen. Man sieht die Institutionen wirken, erfährt sie aber nicht in ihrer Wertigkeit beispielsweise für die gesellschaftliche Stabilität.[74] Der Osten geht deshalb schneller auf die Straße, was ohne Zweifel an seiner existenziellen Demokratie-Erfahrung von 1989 liegt, mit Straßenprotesten Aufmerksamkeit zu gewinnen, darüber etwas im Staat bewegen zu können oder gleich den ganzen Staat bewegen zu können. Und natürlich ist die Straße der Ort, wo sich *Öffentlichkeit* herstellen lässt, ja mehr noch: die Straße ist der *einzige gesamtdeutsche Artikulationsraum* für den Osten, wo er sich öffentlicher Wahrnehmung sicher und zugleich seiner selbst ansichtig werden kann, freilich, weil das auch die Nazis ausnutzen, mit dem ebenso paradoxen wie fatalen Nebeneffekt, dass der Westen dies sofort als ungehörig und verhaltensauffällig brandmarkt. Diese von legitimer Skepsis geprägten urdemokratischen Regungen, laut Grundgesetz immerhin verbrieftes Recht, werden dem Osten selbst wiederum als demokratiefeindliche Positionierung, gar als pathologisches Verhalten zur Last gelegt, als Krawall und *Lärm*. Demokratie ist es allerdings nicht nur dann, wenn passiert, was sich die Etablierten in dieser Gesellschaft als Wahlergebnis vorstellen. Dazu später mehr.

Der Totalausschluss von demokratischer Mitgestaltung zeigt sich selbst dort, wo man es nicht vermuten würde, in der AfD. Nicht nur war die AfD eine Westgründung, gar eine westdeutsche Professoren-Partei, sondern sie hat mit Ausnahme von Tino Chrupalla auch eine komplett westdeutsch besetzte Führungsspitze, obwohl inzwischen einige dieser bundesweit bekannten Politiker im Osten wohnen. »Die AfD ist aber kein ostdeutsches Produkt«, schreibt Klaus Wolfram, »sondern eine ganz und gar westdeutsche Konsequenz. Sie verkörpert die Trennung des kleinen vom großen Bürgertum.«[75] Alle kamen und kommen sie aus dem Westen, Bernd Lucke, Alexander Gauland, Jörg Meuthen, Alice Weidel, Beatrix von Storch, Andreas Kalbitz, Gottfried Curio, Björn Höcke, der sogar offiziell und öffentlich als »Faschist« bezeichnet werden darf, und natürlich kommt auch der rechte Vordenker Götz Kubitschek aus dem Westen, aus Ravensburg, um genau zu sein, pikanterweise und nicht zufällig aus dem deutschen Südwesten, dem Eldorado für Verschwörungstheoretiker. Selbst der bekannte FDP-Politiker Thomas Kemmerich, berüchtigter AfD-Kooperator und Thüringer Kurzzeitministerpräsident, kommt aus Aachen, dem Westen des Westens. Wie man sieht, lässt sich der Herkunftsspieß argumentativ auch umdrehen. Dennoch wird die AfD vornehmlich als Partei des Ostens wahrgenommen, dessen Ansehen dadurch zusätzlich beschädigt wird. Dass die AfD im Osten *so entsetzlich stark* werden konnte, mit Wahlergebnissen von teilweise über 25 Prozent, hängt offensichtlich auch mit dem aus Unkenntnis und kapitalem Desinteresse resultierenden politischen Versagen der anderen Parteien zusammen, wobei nicht vergessen sei, dass der Zulauf zur AfD selbst im Westen kontinuierlich wächst; sogar im reichen Baden-Württemberg und in Niedersachsen hat diese Partei inzwischen zweistellige Prozentzahlen. Die Geister, die man rief, wird man nicht mehr los. Vor 1989 behauptete der Osten, alle Nazis würden im Westen leben, seit 1989 läuft es andersherum. Nun behauptet der Westen, alle Nazis würden im Osten wohnen. Beides stimmt irgendwie und beides ist falsch, zumal eben seit einiger Zeit viele überzeugte Nazis aus dem Westen in den Osten wechseln. Anfang des Jahres 2022 hat der Verfassungsschutz explizit auf die Bedrohung hingewiesen, die dadurch entsteht, dass immer mehr

Rechtsradikale aus dem Westen in den Osten ziehen, was diesen in der öffentlichen Wahrnehmung und *de facto* weiter nach rechts rücken lässt.

Wenn der Osten dann einmal alle vier oder fünf Jahre bei den Wahlen die wirkliche Chance auf demokratische Mitbestimmung erhält, dann ist das Geschrei in den Medien und den gesellschaftlichen Eliten groß. Sonst interessiert sie der Osten so sehr wie die Rückseite des Mondes, bei Wahlen aber beginnt jedes Mal das große Zittern. Da wird vorher von ARD und ZDF über *ZEIT*, *SPIEGEL*, *FAZ*, *Tagesspiegel*, *Süddeutsche Zeitung* und weitere Leitmedien eine unendliche Angst geschürt und hinterher ebendort der Schrecken wortreich verhandelt, als würden mongolische Heerscharen vor den Toren Europas stehen. Die verschiedenen Landtagswahlen und die Bundestagswahl im Jahr 2021 waren dafür wieder dramatische Beispiele.

Es ist höchste Zeit, ausführlicher über die Medien zu reden. Ohne Gewaltenteilung und insbesondere ohne die vierte Gewalt der Pressefreiheit wäre diese Demokratie, die sich als solche jeden Tag aufs Neue in ihrer Funktionsfähigkeit unter Beweis zu stellen hat, längst zugrunde gegangen. Öffentlichkeit und Pressefreiheit – Kant nennt es das Prinzip der »Publizität« – sind die Bedingungen der Möglichkeit von Gerechtigkeit. Allerdings dürfen sie die damit verbundene Macht nicht selbst in tendenziöser Absicht missbrauchen. Das aber passiert leider vielfach im komplett westdeutsch ausgerichteten Mediendiskurs über den Osten. Die derzeitige Öffentlichkeit ist nur eine Teilöffentlichkeit, weil der Osten lediglich als Aussageobjekt, nicht als Aussagesubjekt vorkommt.

Die Karikatur von Gerhard Mester (Wiesbaden) bildet das Titelbild der Studie der Otto-Brenner-Stiftung über »30 Jahre mediale Spaltung«.

Zur besseren Einordnung will ich etwas zu meiner eigenen medialen Lektürebiografie sagen. Ab 1990 habe ich zunächst die *taz* im Abonnement gelesen, doch nur bis etwa 1992, weil immer erwartbarer wurde, was, abgesehen von einzelnen Ausnahmen, zu lesen sein und welche Positionen vertreten sein würden. Von Beginn an hat mich freilich gestört, dass die Sportberichterstattung immer mit einem pseudo-ironischen Vorbehalt unter der Rubrik »Leibesübungen« firmierte. Danach bezog ich, ebenfalls im Abonnement, einige Jahre lang die *ZEIT*, bis Mitte der Neunzigerjahre ein Wechsel in der Chefredaktion stattfand, der dazu führte, dass nicht nur das Layout dünner und luftiger wurde. Also wechselte ich weiter zu *FAZ* und *SPIEGEL*, die ich seither regelmäßig unregelmäßig lese. Später kam die *FAS* hinzu, die *Frankfurter Allgemeine Sonntagszeitung*, die seit ihrem Erscheinen zum festen Bestandteil des Sonntagvormittags in meiner Familie gehört. Und *SPIEGEL ONLINE* lese ich wie *kicker* jeden Tag. Als ich von Oktober 2001 bis September 2002 als Postdoc an der University of Wisconsin in Madison forschen konnte, hatte ich zudem die *New York Times* abonniert. Wenn ich mir Nachrichten im Fernsehen ansehe, dann auf ARD oder ZDF, oder, als Korrektiv und damit mein Englisch wach bleibt, auf CNN oder BBC News. Und nicht zuletzt höre ich fast ausschließlich den Deutschlandfunk, wenn ich Radio höre. – Ich erwähne all das nicht im Rahmen eines Werbeblocks oder eines selbstgefälligen, leicht durchschaubaren sozialen Distinktionsspiels, sondern weil diese Lektüre- und Medienbiografie einerseits Teil meiner Westsozialisation ist, andererseits Teil meiner Wirklichkeitswahrnehmung und weil sie die gern vorgetragene These widerlegt, Westmedien würden im Osten kaum zur Kenntnis genommen. Denn so wie ich lesen viele meiner Bekannten und Freunde, egal woher sie kommen, die überregionale Presse, natürlich auch die *Frankfurter Rundschau*, die *Süddeutsche Zeitung* oder den *Tagesspiegel*; sie sehen die Hauptnachrichten in den öffentlich-rechtlichen Medien, sie hören den DLF oder DLF Kultur. Dass die großen überregionalen Zeitungen im Osten so wenig abonniert werden, hat verschiedene Gründe. Zum einen sind sie vergleichsweise teuer; zum zweiten fehlt ihnen der regionale Bezug, der aber für das Leben vor Ort wichtig und legitim ist und der folglich eher von den Regionalzeitungen abgedeckt wird; zum dritten schließlich ist die Berichterstattung über den Osten in den überregionalen Medien oft extrem vorurteilsbeladen, herablassend und tendenziös: in manchen Fällen erinnert sie an die »Reportagen« von Claas Relotius über Trump-Wähler in den USA. Man reproduziert schlicht die eigenen Vorurteile, statt sich ernsthaft ein Bild vor Ort zu machen.[76]

Dazu fehlt aber offenbar der Wille ebenso wie die Einsicht. Die Chefredaktionen aller großen Zeitungen und Medien werden von Westdeutschen geleitet. Gerade hat der RBB, eine der beiden großen ARD-Medien-Anstalten im Osten, die alte, aus Hannover stammende Chefin Patricia Schlesinger wegen dubioser Praktiken entlassen müssen – und stellt nun wen ein? Die nächste Frau aus dem Westen: Katrin Vernau, gebürtig aus Villingen-Schwenningen. Die Besetzung der Medienanstalten mit Westpersonal ließ sich Anfang der Neunzigerjahre noch halbwegs nachvollziehen. Das sah dann freilich so aus: »Zwei Jahre nach 1990 bestand in Ostdeutschland keine TV-Station, keine Rundfunkanstalt und kaum eine Zeitung mit gewachsener Leser-Blatt-Bindung mehr, die nicht von einer westdeutschen Chefredaktion geleitet worden wäre. Die Generalaussprache, das politische Bewusstsein, die soziale Erinnerung, alle Selbstverständigung, die sich eine ganze Bevölkerung gerade eben erobert hatte, verwandelte sich in Entmündigung und Belehrung.«[77] Das ist seitdem der gleichbleibende Stand der Dinge. Auch die Chefposten sämtlicher größerer Regionalzeitungen im Osten werden weiterhin von Westdeutschen besetzt, mit deren Perspektiven, deren Überzeugungen, deren Agenda. Hinzu kommt, dass fast keine der größeren Zeitungen Regionalbüros unterhält,[78] über die sich ein dauerhafter Bezug zur Lebenswelt vor Ort herstellen ließe. Entweder gab es von vornherein keine oder sie wurden nach einiger Zeit wieder geschlossen. Dass die *Bild*-Zeitung im Osten ein größeres Publikum findet, hängt nicht damit zusammen, dass die Menschen im Osten prinzipiell dümmer, ungebildeter oder uninteressierter wären, sondern damit, dass sie einerseits wesentlich preiswerter ist und dass sie Journalisten auch in Regionalbüros im Osten arbeiten lässt und folglich sichtbar vor Ort agiert. Zum Vergleich: Ein Monats-Abo der *Bild*-Zeitung kostet derzeit, das heißt im Oktober 2022, nur 29 Euro, ein Monats-Abo der *FAZ* hingegen 61,90 Euro, eines der *SZ* sogar 84,40 Euro. Regionalzeitungen wiederum wie die *Thüringer Allgemeine* gibt es im Monat bereits für 45,90 Euro oder die *Leipziger Volkszeitung* für 47,90 Euro. Der Osten muss nicht nur mehr arbeiten, sondern, *ceterum censeo*, verdient auch noch wesentlich weniger als der Westen. Es ist also kein Wunder, dass man sich teure überregionale Zeitungen nicht leistet, weil man sie entweder nicht bezahlen kann oder sie nicht genug Regionalbezug herstellen oder in einer als völlig inakzeptabel empfundenen Weise über den Osten berichten. Warum soll der Osten Westzeitungen lesen, in denen er gewohnheitsmäßig gemaßregelt und verunglimpft wird?

Selbstverständlich gibt es auch in den Medien gute Beispiele dafür, dass und wie man angemessen, das heißt fair, reflektiert, respektvoll, sachlich, kritisch und selbstkritisch über den Osten berichten kann. In jüngster Zeit waren das unter anderem die Nachrufe auf Hans-Jürgen »Dixie« Dörner und Joachim Streich im Fußballmagazin *11FREUNDE* oder auch die Serie von Friederike Haupt in der *Frankfurter Allgemeinen Sonntagszeitung* über den östlichsten, westlichsten, nördlichsten und südlichsten Punkt Deutschlands, wo zugleich »einfach« und kunstvoll die jeweils regionalen Spezifika mit großer Empathie und Genauigkeit in den Blick genommen wurden. Es zeigt sich also, dass es geht, wenn man es denn will und sich von den im Umlauf befindlichen bequemen Deutungsrastern frei gemacht hat. Aber natürlich wollen das nicht alle, eher im Gegenteil. Verletzen, diffamieren, beleidigen, verächtlichmachen, herabwürdigen, verbale Entgleisungen im Minutentakt: Das ist die Regel im Reden über den Osten. Für all das hat beispielsweise Nikolaus Blome in einem Artikel für *SPIEGEL ONLINE* im September 2022 ein repräsentatives Beispiel geliefert. Da werden die Ostdeutschen mal wieder für die gesellschaftlichen Spannungen verantwortlich gemacht, und zwar sowohl für die vergangenen als auch die künftigen (!), weil sie »Verschwörungsideologien« aufsitzen und unter »Verfolgungswahn« leiden und weil sie überhaupt »bescheuert« seien, mit einem Wort: »Pöbel«. Und er rät ihnen, also auch mir: »Schämt euch!«[79] Man muss sich das nur einmal umgekehrt vorstellen! Wohlgemerkt: Man liest hier den *SPIEGEL* und nicht etwa Hasskommentare in den sogenannten sozialen Medien. Das ist das weithin charakteristische Niveau, auf welchem öffentlich über Ostdeutsche in den Medien gesprochen wird und »problemlos« gesprochen werden darf.

Mehrfach wurde die Aufforderung an mich herangetragen, ich solle die größeren Kontexte sehen, im europäischen Maßstab oder besser noch im Weltmaßstab. Auf diese Weise schiebt man die Probleme in die Abstraktion oder lagert sie aus, damit sie einen letztlich nicht mehr betreffen. Die Probleme existieren aber jetzt und hier, vor der Haustür, und nur da sind sie überhaupt zu lösen. Doch werfen wir spaßeshalber tatsächlich einen Blick aufs größere europäische Ganze. Dann zeigen sich schnell Analogien und noch ganz andere Abgründe. Denn das binnendeutsche Herrschafts- und Kommunikationsgefälle wird im Gefälle zwischen West- und Osteuropa eins zu eins gespiegelt. Zu den Entwicklungen in Polen seit 1989 schreibt Justyna Schulz, Direktorin des *Instytut Zachodni* in Poznań: »In dem neoliberalen Entwicklungsmodell wurde angenommen, dass die oft als alternativlos dargestellten westlichen Ideen und Lösungsansätze importiert werden müssen. Lokales Wissen und Erfahrungen wurden hingegen marginalisiert. Die Abwertung der einheimischen Führungsschicht zugunsten internationaler technokratischer Eliten führte zwangsläufig zu hierarchischen und paternalistischen Schüler-Lehrer-Beziehungen, was das Ungleichgewicht eher verstärkte als abschwächte.«[80] Schulz weist außerdem darauf hin, dass im Westen der »wirtschaftliche Erfolg [...] fast zu einer moralischen Kategorie erhoben« wurde.[81] Wer das Geld hat und die Macht und obendrein noch den Diskurs bestimmt, der hat gut reden, der kann den anderen erzählen, was sie warum wie falsch machen. Und das Beste ist, dass sich diese Art von Herrschaft noch als moralisch überlegen präsentiert, als *moral grandstanding* par excellence, weil man, womöglich im Gefolge protestantischer Ethik, meint, der Umfang des Vermögens stünde in direkter Korrelation zur überlegenen Wertigkeit der eigenen Moral. Das gilt auch, wie etwa Krastev und Holmes betonen, für die »postkommunistische Demokratieförderung« der EU: »Um die Bedingungen für eine EU-Mitgliedschaft zu erfüllen, wurden die mittel- und osteuropäischen Länder im Zuge des angeblichen Demokratisierungsprozesses dazu gedrängt, politische Strategien umzusetzen, die nicht gewählte Bürokraten aus Brüssel oder internationale Kreditanstalten gestaltet hatten. Die Polen und Ungarn bekamen gesagt, welche Gesetze sie erlassen und welche Politik sie machen sollten, während sie gleichzeitig so tun sollten, als würden sie sich selbst regieren.«[82] Das alles kommt einem aus eigener Anschauung doch sehr bekannt vor, nicht zuletzt im Blick auf die Kommunikationsstruktur. Wenn man mit Polen, Tschechen oder Ungarn spricht, sind sie hier illusionslos. Obwohl Mitgliedsländer der Europäischen Union, dürfen sie nur über ihre eigenen Belange sprechen, nicht jedoch über Europa, denn das soll ausschließlich Sache von Deutschland und Frankreich sein; entsprechend darf der Ostdeutsche zwar über den Osten sprechen, nicht aber über Deutschland insgesamt, denn dafür ist ja nur der Westdeutsche zuständig.[83] Das ist ein Grund, warum der Osten insgesamt »bockig« ist und in gewisser Weise nun eigene Wege zu gehen versucht. Wenn Ungarn aus dieser Asymmetrie dann sogar die Zerstörung der Demokratie glaubt ableiten zu können, ist das eine äußerst bedrohliche Entwicklung.

Und geht man noch einen Schritt weiter zurück, erscheint die Moral, auf die sich der Westen stets so viel zugutehält, in wesentlich kälterem Licht. Nach einem Blick auf die erfolgreiche Aussöhnung Frankreichs mit Deutschland und die Einigung Westeuropas nach dem Zweiten Weltkrieg kommt der ungarische Schriftsteller und Nobelpreisträger Imre Kertész in einem 1999 publizierten Essay auf die Ermöglichungsgründe dieser positiven Entwicklungen zu sprechen. Das sei ausführlicher zitiert, weil es pointiert das bis heute existierende Kommunikations-, Deutungs- und Machtgefälle zwischen West- und Osteuropa insgesamt beschreibt: »Doch bevor ich mich den Verlockungen dieser fröhlichen Bilder allzu weit überlasse, schadet es nicht festzustellen, daß die trügerische Sicherheit Westeuropas, wie produktiv sie auch gewesen sein mag, auf einer amoralischen Grundlage stand – sofern wir unter Amoralität hier die Mißachtung der eigenen, selbst gesetzten moralischen Normen verstehen. Denn von unserer, der östlichen Seite der Mauer oder des Eisernen Vorhangs aus betrachtet, nahm sich der Mangel an Solidarität, mit dem bisher die hiesigen kleinen Staaten dem großen Freibeuter des Ostens, der stalinistischen Sowjetunion, ohne Bedingungen hingeworfen wurden, und die Art, wie diese Tat dann in selbstgefälliger Konformität zur unverrückbaren Grundlage für die Weststabilität, den Weltfrieden erklärt wurde, wie Unmoral aus. Seinen Garten im Schatten eines schändlichen [...] Paktes zu bestellen, mag eine angenehme, sogar nützliche Beschäftigung sein, darüber aber, daß in einem solchen Garten der europäische Gedanke nicht gedeiht, kann kein Zweifel bestehen. Wie wenig da gediehen ist, zeigt die nun schon fast zehn Jahre andauernde, besorgte Herumrechnerei, wieviel die Europäische Gemeinschaft eine Osterweiterung kosten würde, was zwar von nüchternem Verstand, aber von verkalkten Gefäßen und einem steinharten Herzen zeugt. Ja, so nimmt sich das von dort, wo ich diese Zeilen schreibe, an den Ufern der Donau, der Moldau, der Weichsel, aus.«[84] – Im Westen herrschte lange große Gleichgültigkeit gegenüber dem europäischen Osten. Erst der Krieg Russlands gegen die Ukraine hat das etwas verändert.

Mit Blick auf Osteuropa füge ich hinzu, dass mir persönlich Polen und Tschechien innerlich und äußerlich sehr viel näher sind als etwa Frankreich oder Italien, schon aufgrund der geografischen Nähe. Es sind die Länder, die ich bereits als Kind und Jugendlicher mehrfach besucht habe, Länder, mit deren Menschen ich die Diktaturerfahrung im »Völkergefängnis des sozialistischen Lagers« (Imre Kertész) als existenzielle Erfahrung teile, Länder zumal, in denen mir stets mit großer Gastfreundlichkeit und Herzlichkeit begegnet wurde. Indes die berühmte deutsche Italiensehnsucht nicht zu teilen, kommt dagegen einem Sakrileg gleich,* und Frankreich links liegen zu lassen, ist nichts weiter als der schlagende Beweis dafür, noch auf der Stufe absoluter Barbarei zu stehen. Eins von beidem einzuräumen oder sogar beides, wie ich es mir spaßeshalber als Probe aufs Exempel gelegentlich erlaube, lässt das gebildete westdeutsche Gegenüber meist an meinem Geisteszustand zweifeln, von meiner weiteren Satisfaktionsfähigkeit ganz zu schweigen. Die Verachtung, die mir dabei entgegenschlägt, ist freilich eine, die nicht nur mir persönlich gilt, sondern in der die genannten Länder östlich vom deutschen Osten immer gleich mitgemeint sind. Wenn ich schon in den Westen fahre, dann richtig, nach England oder gleich in die USA. Denn unter den Puritanern fühle ich mich als Atheist und zugleich Erzprotestant natürlich besonders wohl; ich bin ja nicht nur in der

* Wie sagte Neo Rauch: »Im glücklichen Italien fällt mir nichts ein.«

DDR aufgewachsen, sondern genauer noch in Thüringen, demnach in den mentalitätsgeschichtlichen Tiefenschichten eines protestantischen Kernlandes.

Die bisherigen Darlegungen lassen sich problemlos mit Zahlen, Daten und Fakten unterfüttern. Sie verdanken sich insbesondere neueren soziologischen Studien aus den Jahren 2020 und 2022,[85] welche die vielfältigen Ausschlussmechanismen und Dimensionen der Benachteiligung belegen. So bestätigen die Autoren dieser Studien einen gravierenden Mangel an Repräsentanz in der Mehrzahl der gesellschaftlichen Teilbereiche. Nur in der Politik stimme die Relation: Der Bevölkerungsanteil der Ostdeutschen wird mit 19 Prozent veranschlagt. Ihm entsprechen 19 Prozent von Politikern mit ostdeutschem Hintergrund in freilich zumeist regionalen Führungspositionen. In den anderen Bereichen liegen die Zahlen wesentlich niedriger. Im Militär liegt der Anteil beim Idealwert von 0,0 Prozent, in der Wissenschaft bei 1,5 Prozent, in der Justiz zwischen 2 und 4 Prozent.[86] Seit 2016 aber stagnieren oder sinken diese ohnehin niedrigen Anteile sogar! Offenbar nehmen die Ausgrenzungsprozeduren an Schärfe zu und funktionieren bis zum erwartbaren Totalausschluss *immer besser*. Dass es in der Politik zumindest in Ansätzen funktioniert, lässt sich damit begründen, dass hier wirklich demokratische Verfahren am Werk sind, einfach weil *gewählt* werden kann. In den anderen Bereichen aber wird *ausgewählt* von *Ausgewählten*. Hier geht es nicht um demokratische

Abstimmung, sondern um Netzwerke und Stammesvorsorge, um Freundschaften, Bekanntschaften, Ähnlichkeiten in der Herkunft, im Habitus, in der Weltwahrnehmung, natürlich geht es außerdem ganz schlicht um Vetternwirtschaft, Vitamin B, Machtbehauptung, Besitzstandswahrung, alles in allem um westdeutschen Tribalismus. Der gesellschaftliche Ausschluss ist demnach kein bloß »gefühlter«, sondern durch Fakten belegbarer Ausschluss, ganz abgesehen davon, dass »Gefühle« nicht weniger real und wirkmächtig sind als »Fakten«.

Aber in unserer modernen Welt werden ja die Dinge gewöhnlich erst *geglaubt*, wenn sie durch Daten, Fakten und Zahlen belegt werden, als sei die Welt ein Rechenexempel und die Quantifizierung der eigentliche Ort der Wahrheit. – Wer wüsste das übrigens besser als ein Geisteswissenschaftler in einer von Naturwissenschaften dominierten akademischen Kultur, in der die Höhe der Drittmitteleinwerbung, also der Einwerbung externer Finanzierung, aufgrund der gezielten Unterfinanzierung der Universitäten zum Fetisch der Rektorate und zum Gradmesser vermeintlicher wissenschaftlicher Leistung geworden ist, in der mithin das Quantitative mehr gilt als das Qualitative? – Und natürlich ist die Vorstellung, nur den Zahlen und Fakten sei zu *glauben*, selbst verräterisch, sofern es die quasireligiöse Dimension des Zusammenhangs sichtbar macht. In der Tat, Zahlen und Fakten, welche die maximale Ungleichheit und systematische Benachteiligung des Ostens belegen, gibt es nicht nur bei der Frage der Unterrepräsentanz in Hülle und Fülle, sondern etwa auch bei den Lohnunterschieden zwischen West und Ost. Diese liegen laut *Handelsblatt* vom 21. November 2021 bei durchschnittlich 22,5 Prozent für die *gleiche* Arbeit – mehr als dreißig Jahre nach der Wiedervereinigung! Sieht man genauer hin, zeigt sich sogar, wie sehr der Osten von bestimmten Branchen geradezu als Billiglohnzone missbraucht wird. Bei Textilfirmen sind die ungeheuerlichen Unterschiede mit 69,5 Prozent am größten, aber auch die beliebte Autoindustrie kann sich mit 41,3 Prozent noch sehen lassen, gefolgt von Maschinenbau mit 40,4 Prozent, der Herstellung von IT-Gütern mit 39,8 Prozent und der Schifffahrt mit 38,9 Prozent.[87] Und natürlich bekommt der Osten signifikant weniger oder gar kein Weihnachtsgeld, wie der *SPIEGEL* im November 2022 meldet.[88] Bei so viel Lohndumping und Ausbeutung können die möglichen Gefühle mit den realen Zahlen gar nicht mehr Schritt halten. Und um den Blick noch mal zu weiten: Rumänen und Bulgaren werden fürs Schlachten eingestellt, Polen fürs Spargelstechen und Lasterfahren, der deutsche Osten jedoch ist ein Gesamtbilliglohngebiet. Die Liste ist natürlich unvollständig, von Produktionen in Asien und Afrika gar nicht zu reden. So erwirtschaftet der Westen einen großen Teil seines Reichtums seit Langem damit, dass er sich die historische Benachteiligung Osteuropas und anderer Weltgebiete schamlos zunutze macht, wobei er gleichzeitig noch vorgibt, etwas Gutes zu tun.

Welche Möglichkeiten haben die *im eigenen Land* betroffenen Ostdeutschen selbst, sich dagegen zur Wehr zu setzen? Bekanntlich keine, denn die Firmen drohen jederzeit damit, in guter alter Manier des Kapitalexports in immer noch »billigere Länder« abzuwandern. So wie die Textilbranche am liebsten in Bangladesch produzieren lässt, weil dort die moderne Sklaverei am besten funktioniert. Dass da gelegentlich Gebäude einstürzen und über 1 000 Menschen sterben wie im Jahr 2013 in einer Textilfabrik in Dhaka, ist offenbar eingepreist: Wo es besonders *billig* ist, wird so etwas *billigend in Kauf genommen* (es ist immer wieder schön zu sehen, was die Sprache von sich aus für Einsichten bereithält, ohne dass man sich anstrengen müsste). Auch andere Industriezweige, allem voran die deutsche Autoindustrie, haben Moral und Scham längst hinter sich gelassen. Deshalb kann man Dinge von den Uiguren in China produzieren lassen, obgleich deren grausame Unterdrückung durch die chinesische Regierung seit vielen Jahren bekannt ist. Dass man sich im Mai 2022 nach weiteren Enthüllungen ganz überrascht und aufgeregt über das Ausmaß der Grausamkeiten gezeigt hat, erscheint vor diesem Hintergrund als reine Heuchelei. Der politische Wille, diese Zustände zu ändern, beispielsweise durch ein wirklich funktionierendes Lieferkettengesetz, wird von der FDP und anderen Zynikern selbstverständlich mit dem neoliberalen Glaubenssatz blockiert, der Markt regle das schon selbst. Das tut er mitnichten.

Die Bescheidwisser vom Dienst werden natürlich die gravierenden Lohnunterschiede wegzureden versuchen, indem sie auf die geringeren Lebenshaltungskosten im Osten verweisen. Zweifellos, Städte wie München, Frankfurt, Hamburg oder Stuttgart sind teuer, aber es gibt genug Gegenden im Westen, die keineswegs teurer sind als der Osten, schon gar nicht in den Ausmaßen der genannten Lohnunterschiede. Im Mai 2022 lagen beispielsweise die Energiepreise in Thüringen und Sachsen weit über denen in Hamburg und in Bayern![89] Und dass es auch im Osten über Berlin hinaus teure Pflaster gibt, Dresden, Leipzig, Rostock, Erfurt, Potsdam oder Jena als das »München des Ostens« (*FAZ*), um nur die bekanntesten zu nennen, sollte sich inzwischen herumgesprochen haben. Dabei geht es hier um ein einfaches Prinzip der Gerechtigkeit, dass gleiches Geld für gleiche Arbeit bezahlt werden muss. So wie die *gender pay gap* endlich geschlossen werden muss, so muss auch die *geographical pay gap* geschlossen werden. Langzeitfolgen dieser Differenzen liegen bekanntlich in geringeren Renten, geringeren oder gar keinem Vermögen und generell geringeren Lebensaussichten und Lebenschancen – und in einer dauerhaft geringeren Lebenserwartung. Wenn aber ein großer Teil der Bevölkerung das als Realität erlebt, untergräbt das auf Dauer die Legitimität der Demokratie. Vor 1989 *durfte* man im Osten aufgrund der Staatsideologie kein Vermögen aufbauen, nach 1989 *konnte und kann* man es aufgrund dieser Lohnunterschiede in der Regel nicht oder nur sehr schwer: einerseits des geringeren Lohns wegen, andererseits weil die gut dotierten Spitzenpositionen üblicherweise von Westdeutschen besetzt werden. Im September 2022 wurde festgestellt, dass im Osten das Vertrauen in die Demokratie auf 39 Prozent gesunken ist, während es im Westen noch bei 59 Prozent liegt.[90] Das sind erschreckende 20 Prozent Unterschied – also fast genau so viel wie der erschreckende Lohnabstand zwischen West und Ost, nämlich 22,5 Prozent. Die Differenz in Sachen Demokratie erschreckt und empört den Westen, die Differenz in Sachen Bezahlung jedoch nicht. Das eine wird ausführlich kritisch kommentiert und als Beweis für die angeblich demokratiefeindliche Ausrichtung des Ostens interpretiert, das andere hält der westliche Normalismus für »normal« und gerechtfertigt, sofern es ihn überhaupt interessiert. Als gäbe es zwischen der Demokratiefrage und der sozialen Frage keinen elementaren Zusammenhang.

Das sind zumindest einige Gründe, warum der Osten sehr viel ärmer bleibt. Und dann gibt es noch die besonders Klugen, die darauf verweisen, dass der Osten nicht nur zu wenig oder nicht richtig arbeitet, sondern auch mit dem Geld, das er eventuell hat, nicht sinnvoll umgeht, indem er es falsch anlegt. In der *Frankfurter Allgemeinen Sonntagszeitung* vom 24. Februar 2019 wurden zwei Forschungsbeiträge referiert, die Gründe dafür zu liefern vorgeben, »warum Ostdeutsche ärmer bleiben« – so die verallgemeinernde Überschrift des Artikels. Die darin vorgetragenen »Argumente« und »Einsichten« verblüfften in ihrer Einfalt ebenso wie in ihren monokausalen Schlussfolgerungen. Der Artikel arbeitete mit Verkürzungen aller Art, und seine These lautete etwa:

Weil die DDR-Propaganda funktioniert habe, legten Ostdeutsche eine »prokommunistische Langzeitgesinnung« an den Tag. Und insbesondere wenn ehemalige Olympiasieger in der Nähe wohnten, verhielten sich Ostdeutsche marktkritischer, da sie im Bewusstsein einer überlegenen Sportnation verharrten. Kein Witz, das steht da allen Ernstes. Der Osten erweist sich folglich auch in dieser Hinsicht als unfähig und unverständig. Die tendenziösen Studien sind zweifellos Spitzenkandidaten für den Ig-Nobelpreis. Aber noch ärgerlicher ist das unreflektierte, unkritische Referat durch den zuständigen Journalisten. Ostdeutsche bleiben nicht arm, weil sie ihr Geld falsch anlegen, wenn ein dopinggestärkter Olympiasieger um die Ecke wohnt. Sie bleiben arm, weil sie in der Vergangenheit kein Kapital bilden konnten und in der Gegenwart selten bilden können. Die DDR hat bis 1961 einen doppelten Exodus erlebt: Auf der einen Seite hat zum Beispiel die damalige Sowjetunion aus Reparationsgründen Infrastruktur und große Industrieanlagen abgebaut und oft auch das zuständige Personal des *know-how* wegen gleich »mitgenommen«; auf der anderen Seite sind große Firmen wie Carl Zeiss aus Jena oder Horch/Audi aus Zwickau in den Westen abgewandert, so wie weitgehend die bürgerliche, oft gut betuchte Mittelschicht, vielfach auch junge, gut ausgebildete Leute. Ein *brain drain* und *capital drain* ersten Ranges. Großes Privateigentum stand bis zum Ende des Staates unter ideologischem Generalverdacht, zumal es keine wirtschaftlichen Grundlagen dafür gab.

Wie sieht es nun in der seit über 30 Jahren währenden Gegenwart aus? Die großen Firmen sind auch im Osten in westdeutscher Hand, die Zahl der im Osten sozialisierten Firmenvorstände liegt seit Langem, also auch noch im Jahr 2022, bei unter einem Prozent.[91] Große Teile des Wohneigentums im Osten gehören Westdeutschen, weil sie das Kapital zum Eigentumserwerb hatten und haben. Im Osten dagegen gibt es aufgrund des einstigen Verbots zur Kapitalbildung weder viel zu erben noch zu verdienen, und wie gesagt liegen erstens die Löhne im Osten wesentlich niedriger und gelangen zweitens Ostdeutsche in keinem der gesellschaftlichen Teilbereiche in repräsentativer Zahl in Führungspositionen. Sie gelangen, mit anderen Worten, nicht dorthin, wo Geld – und Macht – erworben werden können. Die Gründe dafür sind komplex, aber mit Bourdieu darf man unumwunden von »struktureller Heuchelei« sprechen. Die Beispiele ließen sich beliebig fortführen. Der Osten kann sein Geld nicht falsch anlegen, weil er in der Regel keines hat und auf Dauer auch keines haben wird.

Angesichts der Zahlen, welche die Ungleichheit, die Ungerechtigkeit, die vielfältigen Formen der Benachteiligung, Diskriminierung und Stigmatisierung sowie insgesamt die Existenz einer dicken, undurchdringlichen gläsernen Decke belegen, ist das dem Osten unterstellte »Jammern« in der Tat der völlig falsche Ansatz, ja man wundert sich, dass die Leute noch keine Gelbwesten tragen. Denn die Wirklichkeiten, wie sie in den Zahlen nur abstrakt präsent sind, bilden doch das eigentliche

Skandalon, das entsprechend skandalisiert werden muss, um ins Bewusstsein gehoben werden zu können. Das soll aber möglichst nicht namhaft gemacht und als enorme gesellschaftliche Problemlage exponiert werden, von den omnipräsenten systemischen und systematischen Formen der Zurücksetzung ganz zu schweigen, die mit Zahlen gar nicht zu erfassen sind, weil sie sich über jene feinen Unterschiede realisieren, die Bourdieu als wirkmächtigen Ausschlussmechanismus der gesellschaftlichen Selektion beschrieben hat.

Um diese bloß abstrakten Prozentzahlen in ihren lebenspraktischen Konsequenzen zu veranschaulichen, möchte ich ein kleines Rechenexempel einfügen: Auf angenommene großzügige 4 000 Euro brutto Monatslohn im Westen kommen bei 22 Prozent Differenz nur 3 120 Euro im Osten. Das sind aufs Jahr gerechnet schon über 10 000 Euro Unterschied im Brutto: 48 000 Euro im Westen, 37 440 Euro im Osten. In einem einzigen Jahr! Das soll hingenommen werden können? Das soll als »normal« gelten? Das sind auf zehn Jahre dann über 100 000 Euro Differenz. Und das ist nur der Durchschnittswert. Bei größeren Differenzen vervielfacht sich das Problem. Jeder kann sich selbst ausrechnen, was solche Unterschiede in der Lebensrealität ausmachen, wie enorm die Chancen divergieren und wie sich das in Kindern und Kindeskindern, beispielsweise in den Ausbildungsmöglichkeiten, fortsetzt. Auf diese Weise bleibt der Osten konstant vom Vermögensaufbau oder vom Erwerb von Eigentum etc. ausgeschlossen; man kennt ein vergleichbares Phänomen aus der *weltweiten* Armutsforschung: Wer arm geboren wird, bleibt tendenziell eher arm, egal in welchem Land. Wenn Jürgen Habermas zu Recht sagt, dass der Osten vor 1989 keine Öffentlichkeit hatte, danach aber auch nicht,[92] so gilt das analog fürs Geld: Vor 1989 hatte der Osten kein Geld, danach aber auch nicht. Die Gründe dafür sind jeweils verschieden, das Resultat ist dasselbe. So bleiben die Besitztümer im Osten weiterhin schön in westdeutscher Hand. Ingo Schulze hat darauf hingewiesen, dass *nirgendwo in ganz Europa* den Leuten vor Ort so wenig selbst gehört wie den Menschen im Osten: »Heute gibt es kein Gebiet in Europa, in dem der Bevölkerung so wenig von dem Grund und Boden gehört, auf dem sie lebt, in der so wenige Immobilien und Betriebe ihr Eigen nennen können wie im Osten Deutschlands.«[93] Und das soll die Realität sein, mit der man sich im Osten »anfreunden« und »abfinden« soll? Das wird nicht passieren, weil es sich als massives Problem der Demokratie selbst geltend machen wird, was es ja, wie die Wahlentscheidungen für die rechtsextreme AfD zeigen, schon in besorgniserregendem Ausmaß tut. Bis 1989 war man im Osten durch Besatzung und Diktatur entmündigt und eingeschlossen, seit 1990 wird man im Osten vom Westen entmündigt und ausgeschlossen.

Ich fasse zusammen: Im seit 1989 herrschenden Diskurs heißt »Osten« vor allem Hässlichkeit, Dummheit, Faulheit, heißt Rassismus, Chauvinismus, Rechtsextremismus und Armut, heißt also Scheitern auf ganzer Linie – um nur die wichtigsten der vom Westen erfolgreich eingeführten Zuschreibungen zu nennen, die er auf diese Weise zugleich elegant aus der Selbstwahrnehmung ausgegliedert hat. »Westen« dagegen heißt (alte) Bundesrepublik, heißt Deutschland im eigentlichen Sinne, heißt Schönheit, Klugheit, Fleiß, heißt Weltoffenheit, Liberalität, Demokratie und Reichtum, heißt also Erfolg auf ganzer Linie – wiederum in der Zuschreibung des Westens, diesmal im Blick auf sich selbst. »Osten« ist immer das, was man nicht haben will, das Fremde und falsche Andere einer wesentlich niedrigeren Zivilisationsstufe. Im antiken Griechenland nannte man solche Leute schlicht *Barbaren*. Eine wiederkehrende Forderung an den Osten lautet deshalb, er solle sich »normalisieren« – was immer das heißen mag –, und gleichzeitig wird er ökonomisch, machtpolitisch und diskursiv gezielt daran gehindert, es zu tun. Der Osten hat keine Zukunft, solange er nur als Herkunft begriffen wird.[94]

5.

Der Osten des Ostens: Sachsen

Vom Osten zu reden heißt vor allem, vom *Osten des Ostens* zu reden, nämlich von *Sachsen*, wo sich die skizzierten Probleme in potenzierter Form darstellen. Kein anderes Bundesland hat ein vergleichbar schlechtes Image, hier ist die diskursive Festlegung auf ehemalige DDR und generell Osten am stärksten. Entsprechend wird der Osten in den Medien meist am Beispiel Sachsens vorgeführt und verächtlich gemacht, wird auf Sachsen fast ohne Unterlass eingeprügelt. Zwei Dinge spielen dabei eine wichtige Rolle: erstens die Verbindung von Fremdenfeindlichkeit und Rechtsextremismus und zweitens der als besonders hässlich geltende Dialekt. Auf den ersten Punkt komme ich noch zu sprechen, den zweiten will ich kurz beleuchten. Die Verächtlichmachung des Sächsischen hat auf jeden Fall weit vor 1989 begonnen und hat im Osten wie im Westen wohl vor allem mit Walter Ulbricht und seinem mit Fistelstimme vorgetragenen Sächsisch zu tun, das Anlass zu unzähligen Witzen gegeben hat; Thomas Rosenlöcher nennt das Sächsische deshalb auch »Ulbrichtsprache«.[95] Und schon vor 1989 ist das Sächsische als die am deutlichsten im Ostteil des Landes zu verortende Sprachvarietät in der öffentlichen Wahrnehmung zum Inbegriff des gesamten Ostens »aufgestiegen«, das heißt zum Inbegriff des Hässlichen, Schlechten, Unfähigen und Ungebildeten, zum Inbegriff all dessen, was man nicht haben will und was man selbst nicht zu sein glaubt. Ich habe in Sachsen aufgewachsene Bekannte, die Schulungen belegt haben, um lupenreines Hochdeutsch zu erlernen, weil sie schmerzlich erfahren mussten, wegen ihres Heimatidioms unablässig diskriminiert zu werden und gesellschaftlich chancenlos zu sein. Dazu passt eine Dresdner Zeitungsannonce aus den Neunzigerjahren: »Sächsischer Dialekt in der freien Marktwirtschaft? Undenkbar! Nehmen Sie Sprechunterricht!« Thomas Rosenlöcher teilt das mit und markiert das Sächsische prägnant als »Verliererspache«.[96] Ganz auf dieser Linie habe ich meinen eigenen Kindern angedroht, ihnen das Taschengeld zu streichen, sollten sie je anfangen, Sächsisch zu sprechen. Wie schlimm aber ist es um eine Region bestellt, die nicht mehr wagt, ihre Sprache zu pflegen, weil sie Sanktionen aller Art, mehr noch die Beschädigung ihrer gesamten Existenz fürchten muss?! Was ist das für ein gesellschaftliches Klima, was für ein Land, in dem ein großer Teil der Menschen die eigene Muttersprache ablegen und die eigene Herkunft verleugnen muss, wenn er gesellschaftlich der Stigmatisierung entgehen möchte? Was für ein Land, in dem sich Menschen ihrer Sprache, ihrer Herkunft und ihrer Vergangenheit schämen sollen, mithin zentraler unhintergehbarer Existenzialien, was für ein Land, in welchem sie sich ausgerechnet von dem distanzieren sollen, was sie fundamental ausmacht und allererst in der Welt beheimatet?

Während etwa das Bayerische mit Gemütlichkeit assoziiert wird, das Rheinländische mit dem Fröhlichen, das Hamburgische mit dem Vornehm-Weltoffenen (schon bei Fontane), das Berlinerische mit dem Schnodderig-Pfiffigen, das Schwäbische mit dem Strebsamen, gilt das Sächsische als das Hässliche und Dumme. Da hat sich ein übles Gemisch aus Ethik, Ästhetik und Politik zusammengebraut. Für alle anderen darf die Herkunft Heimat sein, nur für Sachsen nicht und damit auch nicht für den Osten insgesamt. Als sei die Ortlosigkeit und Unwirtlichkeit ein wünschenswerter Zustand! Die vielen individuellen Katastrophen, welche die deutsche Literatur seit dem 18. Jahrhundert, namentlich seit Goethes *Leiden des jungen Werther*, vorführt, sind letztlich allesamt aus sozialen oder lokalen *Deplatzierungen* erwachsen, mithin aus dem Verlust eines existenziellen Beheimatet-Seins.

Noch härter trifft es allerdings Dresden, *den Osten des Ostens des Ostens*, nicht nur wegen Pegida. Die Verächtlichkeit, mit der im öffentlichen Diskurs über Dresden gesprochen wird, selbst von Personen in hoher gesellschaftlicher Verantwortung, kennt keine Gürtellinie und keine Grenzen. Eigentlich liegt es mir fern, von Leipzig aus Dresden zu verteidigen, aber auch die Würde der Dresdner ist unantastbar. Nach der Wahl im September 2017 twittert Ansgar Mayer, seinerzeit Medien- und Kommunikationsdirektor beim Erzbistum Köln, man würde gern Tschechiens Atommüll gegen Sachsen tauschen. Und am 5. Februar 2018 veröffentlicht der deutsch-österreichische Schriftsteller Daniel Kehlmann in der *WELT* folgende Sätze: »Lesen macht tolerant. Aber es ist sicher keine Lösung, Romane mit Fallschirmen über Dresden abzuwerfen.«[97] Da haben die Dresdner aber Glück gehabt, diesmal verschont zu werden. So bleibt es hoffentlich bei der Bombardierung der Stadt in der Nacht vom 13. auf den 14. Februar 1945. Der einer privilegierten Herkunft entstammende und humanistisch gebildete Kehlmann ist sich doch tatsächlich nicht zu schade, eines billigen Witzes wegen Zynismus und Geschmacklosigkeit in einem Sprachbild zu kombinieren, das einem das Blut in den Adern gefrieren lässt. Atommüll und eine »humanistisch« verbrämte Form der Bombardierung hält man offenbar für angemessene Straf- und Erziehungsmaßnahmen, wenn es um Sachsen und Dresden geht. Und solche Äußerungen bilden nur die Spitze des Eisbergs.

Dazu passt, was mir unlängst einer meiner Seniorstudenten erzählt hat, der schon lange meine Lehrveranstaltungen besucht, Vorlesungen und Seminare gleichermaßen. Über viele Jahre hat er in Bremen eine Sozialeinrichtung geleitet, bevor er im Ruhestand nach Leipzig gezogen ist, wo seine Töchter Musik studiert haben. Er wollte seinen 75. Geburtstag in Weimar feiern, gemeinsam mit seiner Familie und seinen alten und neuen Freunden. Doch einige seiner Bremer Freunde sagten ihm ab: »Weimar? Das liegt doch im Osten. Da fahren wir nicht hin.« – *Weimar*, wohlgemerkt, nicht etwa Bitterfeld, Eisenhüttenstadt oder andere vermeintliche Einöden. Für Goethe, Schiller, Liszt, Gabriele Reuter oder Henry van de Velde war es übrigens noch denkbar, Weimar zu besuchen und dort sogar zu wohnen. Immerhin wurde die Stadt korrekt im Osten lokalisiert, obwohl man mit guten Gründen sagen dürfte, dass Weimar ja Westen im Osten ist. Die genaue Lage des doch überaus geschichtsträchtigen Orts zu bestimmen, scheint allerdings wirklich schwierig zu sein. Im Juli 2022 fand in Weimar die Konferenz »Weimar als Gedächtnisort« statt, organisiert von der Sächsischen Akademie der Wissenschaften, der Klassik Stiftung Weimar und dem Deutschen Nationaltheater Weimar. Der Deutschlandfunk berichtete darüber und verlegte dabei Weimar in der Anmoderation kurzerhand nach Sachsen.[98] *Holy Shit!* Wenn selbst ein Flaggschiff wie der Deutschlandfunk, der zum Besten gehört, was der Journalismus überhaupt zu bieten hat, hier versagt, muss man alle Hoffnung fahren lassen. Denn das ist ja ein Paradebeispiel für einen Freudschen Versprecher, symptomatisch und verräterisch zugleich. Er illustriert aufs Schönste, dass und wie der gesamte Osten generell für Sachsen gehalten wird, wo obendrein alle Sächsisch sprechen. Dass es die »fünf neuen Bundesländer«, die vielleicht besser die »fünf östlichen Bundesländer« heißen sollten – Thüringen und Sachsen sind sehr viel ältere Länder als die westlichen Bindestrichländer –, mit ganz unterschiedlichen regionalen Eigenheiten gibt, mit einer Vielzahl an sprachlichen Varietäten und Dialekten, spielt keine Rolle: Osten ist Osten, also Sachsen. Hier kommt alles zusammen, hier findet sich alles in hochkonzentrierter Form, was der Westen letztlich vom Osten denkt:

Alle waren bei der Stasi.

Alle waren gedopt.

Alle sprechen Sächsisch.

Alle sind Nazis.

Und selbst wenn mal nicht alles für alle gilt, so trifft doch immer mindestens eines zu.

An dieser Stelle folgte im Manuskript das Titelbild der *Hamburger Morgenpost* vom 22. Februar 2016. Darauf ist großflächig eine Deutschlandkarte zu sehen, auf der man das Bundesland Sachsen *braun* eingefärbt, den Rest des Landes aber *weiß* gelassen hat. Die Überschrift mit Untertitel lautete: »Der Schandfleck. Immer wieder Sachsen.« Man kann sich das nur noch im Internet ansehen.[99] Denn die *Hamburger Morgenpost* hat den Wiederabdruck dieses Aufmachers hier untersagt.

Das unablässige Sachsen-Bashing hat als *self-fulfilling prophecy* inzwischen dazu geführt, dass sich diejenigen, die sich ohnehin blöd benehmen, noch blöder benehmen, was wiederum zu weiterem Sachsen-Bashing führt. Die Medien, die über Jahrzehnte so verfahren sind, haben in diesem Prozess des Sich-gegenseitig-Hochschaukelns als entscheidende Resonanzverstärker fungiert. Über keine Gruppe und über keine Region wird öffentlich so abfällig und zynisch geredet und geschrieben wie über Sachsen – ohne irgendwelche Konsequenzen, ja im Gegenteil, es gibt sogar noch Beifall dafür.

Dass Sachsen, und damit komme ich zum ersten Punkt zurück, ein gravierendes Problem mit Neonazis, Fremdenfeindlichkeit und Rechtsextremismus hat, ist schon länger bekannt. Über Jahre hinweg, ja über Jahrzehnte galt das als blinder Fleck in der Politik diverser sächsischer Landesregierungen. Die konkreten historischen und gesellschaftlichen Gründe dafür mögen vielfältig sein, zwei aber stechen heraus, weil sie den maßgeblichen *Anteil des Westens* kenntlich werden lassen. Nach 1989 haben die *westdeutschen* Rechten Sachsen gezielt zu ihrem »Hauptaufmarschgebiet« erklärt und systematisch unterwandert. Es stehe außer Frage, so Michael Kraske in seinem 2020 publizierten Buch *Der Riss*, »dass westdeutsche Neonazis, allen voran Michael Kühnen mit der Nationalen Alternative (NA) und der Deutschen Alternative (DA) schlagkräftige Neonazi-Strukturen in Ostdeutschland aufbauten«.[100] Der Verfassungsschutz, der gegen diese Entwicklungen hätte vorgehen müssen, ist jedoch weithin untätig geblieben. Sollte es damit zusammenhängen, dass seit 1990 die Chefs des Sächsischen Verfassungsschutzes selbst *allesamt* aus dem *Westen* kamen? Dieser direkte Zusammenhang hat den Satiriker Jan Böhmermann veranlasst, eine ganze Sendung zu »Westsachsen« zu machen,[101] weil sowohl viele Nazis aus dem Westen kamen als auch die, welche dann als verantwortliche Behördenchefs die Nazis hätten bekämpfen sollen. Anders gesagt: Die Nazis kamen aus dem Westen, die Leute vom Verfassungsschutz kamen auf Leitungsebene durchweg aus dem Westen, der Schauplatz war Osten; und so kommt ja auch der Hauptnazi und Faschist Björn Höcke als Chefideologe der AfD aus dem Westen, aus der Stadt Lünen, die zum Landschaftsverband Westfalen-Lippe gehört. Dass das Agieren von Rechtsaußen im Verein mit dem Versagen der Institutionen auf fruchtbaren Boden fallen und zu einer realen Bedrohung für die Demokratie werden konnte, ist entsetzlich und beschämend. Bei Kraske heißt es dazu: »Eine rechtsstaatsgefährdende Folge der Gewöhnung an rechte Gewalt, Ideologie und Strukturen sind beschädigte Institutionen. Oder, einfach gesagt: Polizei, Staatsanwaltschaften und Gerichte handeln mitunter nicht mehr so, wie sie sollten und wie der Rechtsstaat es vorsieht.«[102]

Unabhängig davon hat der Westen als Gesamtgesellschaft schon über einen langen Zeitraum hinweg die Erfahrung machen dürfen, dass man durch Zuwanderung ökonomisch, kulturell und intellektuell reich werden und zugleich an Vitalität und Attraktivität gewinnen kann. Diese fundamentale Erfahrung fehlt dem Osten, weil er bis Ende 1989 sowohl nach außen als auch nach innen eine in jeder Hinsicht geschlossene und homogen zugerichtete Gesellschaft war; selbst die wenigen, die aus dem Ausland in die DDR zum Arbeiten oder Studieren kamen, etwa aus Vietnam, Angola oder Mosambik, wurden separiert und blieben im Alltag weithin unsichtbar. Das galt paradoxerweise auch für die Soldaten der Besatzungsmacht Sowjetunion, die möglichst keinen Kontakt zur Bevölkerung aufnehmen sollten. Wie bei allem anderen hat der Westen hier 40 Jahre Vorsprung, sich als Einwanderungsgesellschaft zu begreifen, ungeachtet der damit einhergehenden sozialen und politischen Herausforderungen. Die maximale Depotenzierung, der sich der Osten seit Anfang der Neunzigerjahre als Lebens- und Erfahrungsraum ausgesetzt sieht, hat nicht dazu beigetragen, auch hier Zuwanderung als Chance, das heißt als Möglichkeit zur Pluralisierung und Ausdifferenzierung des Eigenen zu begreifen. Vielmehr betrachtet der Osten, der im öffentlichen Diskurs selbst als etwas Fremdes verhandelt wird, dies als zusätzliche Bedrohung in einer existenziell ohnehin fragilen Lage. Hingegen ist der Westen nach 1989 noch mal sehr viel reicher, größer, stärker und mächtiger geworden: *durch den Osten,* der selbst arm geblieben ist, weil man ihn gezielt ausgebootet hat.[103]

6.

Doppelmoral und Heuchelei

Einen solchen Zusammenhang herzustellen wie den zwischen Rechtsextremismus und Staatsversagen ist freilich nur ein Teil der Wahrheit. Ein anderer besteht in dem, was sich mit dem Begriff des Soziologen Stephan Lessenich als »Externalisierung« beschreiben lässt. »Wir leben gut, weil wir *von* anderen leben – von dem, was andere leisten und erleiden, tun und erdulden, tragen und ertragen müssen.«[104] Um drei schlagende Beispiele zu nennen: Wir schicken unseren Müll nach Malaysia, wir lassen unsere Fußbälle von Kindern in Pakistan nähen und unsere Kleidung von Industriesklavinnen in Bangladesch. Ganz ähnlich funktioniert der innerdeutsche Auslagerungsmechanismus in den komplett westdeutsch ausgerichteten überregionalen Medien, wo der »Externalisierungshabitus«[105] förmlich zu sich selbst kommt. Auch dafür drei prägnante Beispiele: Dem hier entworfenen Bild zufolge soll es Rechtsextremismus, Fremdenfeindlichkeit und Doping nur im Osten geben. Dort soll sich all das Böse finden, das man selbst hinter sich gelassen zu haben glaubt. Nun, zweifellos, all das gibt es im Osten, und das ist schlimm genug. Allerdings gibt es diese Dinge auch im Westen, und nicht zu knapp. Doch gilt dann oft ein anderer Maßstab der Einordnung und Beurteilung, dann sollen das bloß »bedauerliche Einzelfälle« sein.

Immerhin scheint sich im Blick auf den ersten Punkt, den Rechtsextremismus, die Wahrnehmung allmählich dahingehend zu ändern, ihn als gravierendes gesamtdeutsches Problem anzuerkennen. Zu diesem langsamen Umdenken hat der Anschlag von Hanau ebenso beigetragen wie der Mord an Walter Lübcke oder die Enthüllungen über große rechtsextreme Netzwerke in vielen Bundesländern im Osten wie im Westen. Besonders gern wirft der Westen dem Osten den zweiten Punkt vor, seine Fremdenfeindlichkeit. Und zweifellos gibt es dies in höchst beschämendem Ausmaß. Allerdings ist diese Fremdenfeindlichkeit kein auf den Osten beschränktes Phänomen, sondern genauso gesamtdeutsch wie der Rechtsextremismus. Man sehe sich nur an, welche Erfahrungen mit Fremdenhass Saša Stanišić im Intellektuellenidyll namens Heidelberg machen musste. Er beschreibt das anschaulich in seinem 2019 veröffentlichten Buch *Herkunft*. Darüber hinaus hat sich Deutschland von 2010 bis 2019 mit Günther Oettinger einen schwäbischen EU-Kommissar geleistet, der in einer Rede vom 26. Oktober 2016 *unter viel Beifall*, wie man auf YouTube noch sehen und hören kann, sowohl homophobe Äußerungen vorgetragen (»Homo-Pflichtehe«) als auch die Chinesen öffentlich als »Schlitzaugen« bezeichnet hat, die sich »mit schwarzer Schuhcreme die Haare von links nach rechts kämmen«[106] – ohne jegliche Folgen, von einem Rücktritt ganz zu schweigen. Man denke auch an die rassistischen Aussagen über Afrika des ehemaligen Präsidenten des Fußballclubs Schalke 04, Clemens Tönnies, vom August 2019. Man solle Afrika jährlich 20 Kraftwerke finanzieren, »[d]ann würden die Afrikaner aufhören, Bäume zu fällen, und sie hören auf, wenn's dunkel ist, Kinder zu produzieren«.[107] Hätte jemand aus dem Osten solches verlautbart, wäre das sein sozialer und politischer Tod gewesen. Bis in hohe Positionen gehört die Fremdenfeindlichkeit im Westen zu den gesellschaftlich weithin akzeptierten Umgangsformen – von »gutem Ton« möchte man hier ja nicht sprechen. Doch im Westen soll der Fremdenhass Folklore sein, im Osten hingegen angeborener Teil der Mentalität. Es ist jedoch besonders schäbig, allein dem Osten die Fremdenfeindlichkeit in die Schuhe zu schieben, und obendrein paradox, geradezu ein Paradebeispiel für Heuchelei, Doppelmoral und doppelten Standard, weil der Westen kontinuierlich den Osten selbst *zum Fremden macht*. Das ist eine spezielle Form des *Othering*. Der Westen wirft dem Osten Fremdenfeindlichkeit vor, ohne doch selbst mit dem Fremden, das der »Osten« anscheinend darstellt, auch nur ansatzweise zurechtzukommen. Zwar zählt es zum liberalen, weltoffenen Selbstverständnis der meisten Westdeutschen, das Fremde und Andere zu feiern, in die ganze Welt zu reisen und ferne Kulturen zu bewundern, Divergenz, Differenz und Alterität als besonders wertvoll zu markieren. Doch es muss das *richtige Andere* sein, nicht das *falsche Andere*, das der Osten verkörpert, vor dem man sich fürchtet, das man ausgrenzt, belächelt, verhöhnt und kleinmacht. Diesem *falschen Anderen* gegenüber herrscht Nulltoleranz. Auf diese Weise macht der Westen den Osten zum Fremden im eigenen Land!

Mein drittes und letztes Beispiel für Scheinheiligkeit und doppelten Standard kommt aus dem Sport. In kollektivpsychologischer Hinsicht kann ich sogar verstehen, dass der Westen hier sauer ist, weil die BRD gegen die DDR meistens verloren hat, nicht nur bei der Fußball-WM 1974 im direkten Vergleich, sondern auch sonst. Die DDR hat bei Olympia, Welt- und Europameisterschaften im Vergleich zur BRD ein Vielfaches gewonnen. Seit 1989 wird deshalb alles dafür getan nachzuweisen, dass viele Siege der DDR nur durch Staatsdoping, und wie man inzwischen weiß, sogar durch Menschenversuche möglich waren. Das ist in seiner ganzen Abscheulichkeit alles sehr gut dokumentiert, und die Genugtuung darüber auf der Westseite ist deutlich spürbar. Nichtsdestoweniger waren die Siege ostdeutscher Sportler Anfang der Neunzigerjahre, etwa bei den Olympischen Spielen in Barcelona und Lillehammer 1992 und 1994 hochwillkommen für die deutsche Medaillen-Bilanz und das gesamtdeutsche Sportbewusstsein. Inzwischen sind die sportlichen Erfolge Deutschlands wieder auf das kümmerliche alte BRD-Niveau gesunken. Aber es hat *selbstverständlich*, was nur kaum Beachtung erfährt, *auch in der BRD* spätestens seit Anfang der Siebzigerjahre Doping gegeben, mit Wissen höchster Funktionäre wie beispielsweise Willi Daume.

So liegt bereits seit 2013 eine Studie der Humboldt-Universität zu diesem Thema vor, die allerdings bis heute nicht veröffentlicht werden darf, weil angeblich Persönlichkeitsrechte betroffen sind.[108] Denn natürlich hat man auch im Westen, wenngleich in geringerem Ausmaß, beim weltweiten Dopingwettlauf mitgemischt, aber logischerweise hat der Westen kein Interesse daran, die eigenen systematischen Dopingvergehen allgemein publik zu machen, weil sonst das bequeme Narrativ vom ausschließlichen Betrug durch die DDR obsolet erscheint. Und was tun sich für sittliche und juristische Abgründe auf angesichts der Tatsache, dass für westdeutsche Funktionäre Persönlichkeitsrechte gelten, für ostdeutsche jedoch nicht?! Was für eine moralische Selbstermächtigung im Reden bei gleichzeitig totaler Schamlosigkeit im Handeln.

Apropos Willi Daume: Er war von 1950 bis 1970 Präsident des Deutschen Sportbundes und von 1961 bis 1992 Präsident des NOK, also des Nationalen Olympischen Komitees. Mit größter Selbstverständlichkeit wurde er wegen seiner sportpolitischen Verdienste in die Hall of Fame des deutschen Sports aufgenommen. Wahrlich ein Vorbild. Am 1. Mai 1937, also ausgerechnet am »Tag der nationalen Arbeit«, wie das die Nazis im »Dritten Reich« nannten, war er nicht nur in die NSDAP eingetreten, sondern von 1943 an war er außerdem Informant für den Sicherheitsdienst des Reichsführers SS. Auch Josef Neckermann wurde in diese Hall of Fame aufgenommen, ein ähnliches Vorbild. Neckermann war ab 1933 bei der Reiterstaffel der SA und trat ebenfalls 1937 in die NSDAP ein. Beim Aufbau seines bekannten Mode-Unternehmens profitierte er sogar massiv von der zwangsweisen »Arisierung« jüdischen Eigentums. Für seine nach dem Zweiten Weltkrieg errungenen Siege im Dressurreiten bei Weltmeisterschaften und Olympischen Spielen war das Training in der Reiterstaffel der SA zweifellos eine gute Vorbereitung.

Nicht aufgenommen wurde und wird in dieselbe Hall of Fame dagegen der zweimalige Radweltmeister und zum Jahrhundertsportler der DDR gewählte Täve Schur – mit der lachhaften Begründung, er habe als Abgeordneter der Volkskammer dem DDR-Regime »zu nahe gestanden«.[109] Demnach ist es kein Problem, eingetragenes NSDAP-Mitglied gewesen zu sein und für Verbrecherorganisationen wie SS und SA gewirkt und von der Vertreibung und Vernichtung der Juden profitiert zu haben. Das fällt in Deutschland im Jahr 2022 immer noch weniger ins Gewicht als eine Mitgliedschaft in der Volkskammer der ehemaligen DDR. Mit der Entnazifizierung nimmt man es nicht so genau, dafür klappt es mit der Entossifizierung umso besser.* Dem Osten vor

* Aus der Fülle an Beispielen mag ein weiteres genügen: Aus München kommend, übernimmt Karl Max Einhäupl 1992 die Leitung der Berliner Charité und wird nach einiger Zeit von einem »Kollegen aus dem Westen« gefragt: »Na, hast du deine Klinik schon ossifrei?« – Einhäupl berichtet dies im Interview mit der *Frankfurter Allgemeinen Sonntagszeitung* Nr. 34 vom 25. August 2019, S. 19.

diesem Hintergrund noch seine rechtsradikalen Tendenzen anzukreiden, zeigt das enorm hierarchische und zugleich perfide Kommunikationsgefälle ebenso wie die Absurdität der Gesamtsituation. Anhand der wenigen Beispiele lässt sich exemplarisch die politische und diskursive Externalisierung des Ostens nachvollziehen – eine schamlose Ungleichbehandlung auf der offenen Bühne der Demokratie.

7.

Störung und Verstörung: Reaktionen auf den *FAZ*-Artikel

Mein *FAZ*-Artikel *Wie sich der Westen den Osten erfindet* ging am 3. Februar kurz vor Mitternacht online: Bereits um 0.04 Uhr bekam ich die erste positive Reaktion aus der Schweiz. Das war der Auftakt zu einer Fülle an E-Mails, Briefen, Paketen, Anrufen und Einladungen, die mich inzwischen von überall her erreicht haben, zu großen Teilen von mir völlig unbekannten Menschen aus Deutschland, Polen, der Schweiz, Dänemark, Kuba, England, Irland und den USA. Alle sind voller Zustimmung gewesen, ja vielfach begeistert, erleichtert, regelrecht befreit und dankbar dafür, dass die eigene Wahrnehmung bestätigt, formuliert und endlich in dieser Form öffentlich artikuliert wurde. Das gilt, wie ich eigens betonen möchte, auch für unzählige Rückmeldungen aus dem »Westen«. Mir sind per E-Mail und per Post Studien, Aufsätze und Bücher zum Thema geschickt worden, von Soziologen, Historikern, Politologen und Linguisten, die das ungeheure Ausmaß der Benachteiligung mit Fakten und Daten belegen. – Offenbar hat der Text einen Nerv getroffen.

Das stimmt ebenso, wenn man die Reaktionen derer

betrachtet, die den Text scharf kritisiert haben. Es gab nur eine einzige direkte E-Mail, in der das geschah. Ein Zahnarzt aus Euskirchen in NRW hat mich nicht nur als Hassprediger und alten Stalinisten identifiziert, sondern er macht sich auch große Sorgen, was ich in den Köpfen der Studierenden anrichte. Und er teilt mit, dass er schon immer der Meinung war, die Leute im Osten sollten gar nicht wählen dürfen, weil sie zu ungebildet seien und von Demokratie nichts verstünden. Man sieht: ein Kalter Krieger, wie er nicht nur im Buche steht, sondern auch draußen herumläuft.[110] Die Heftigkeit der positiven und mehr noch der negativen Reaktionen auf den Artikel zeigt, wie dünnhäutig die Menschen in dieser Frage sind und dass sie nur wenige gleichgültig zu lassen scheint, zumal jeder dazu etwas sagen zu können glaubt. Aufgrund ihrer individuellen Erfahrungen sind bei dem Thema alle Laien und Experten zugleich, ich natürlich auch.

Ein großes Echo fand der Text zudem in der *FAZ* selbst, wo eine Woche später an zwei Tagen Leserbriefe abgedruckt wurden; ein Drittel davon sehr kritisch und ablehnend. An den kritischen Reaktionen fallen drei Dinge besonders auf: Erstens kamen sie durchweg von westdeutschen Männern im Ruhestand, von Männern, die das 70. Lebensjahr schon überschritten haben. Ein Freund nennt sie die »Pensionäre der alten Bundesrepublik«. Zweitens hat mich keiner von ihnen mit Fakten oder Gründen zu widerlegen versucht. Im Gegenteil ging es ihnen nur um Diffamierung und Diskreditierung meiner Person, nicht um die Aushandlung der besseren Argumentation, wie es sich für eine demokratische Debattenkultur gehören würde. Wo die Argumente aussetzen, setzen bekanntlich die Aggressionen ein. Und drittens haben sie alle nicht wahrhaben wollen, dass ich den *Zustand der Gegenwart* beschreibe, nicht die Situation nach der Revolution Anfang der Neunzigerjahre. Diese rein männliche Altersgruppe fühlt unzweifelhaft ihre Selbsterzählung von der eigenen Lebensleistung als Erfolgsgeschichte bedroht, nach dem Motto: »Wir haben doch alles für euch getan!« Diesem Muster folgen auch die kritischen Rückmeldungen auf privater Ebene. Wenn freilich alle den Eindruck erwecken, als hätten sie immer das Beste gewollt und deshalb immer das Richtige gemacht, warum ist dann etwas so Falsches dabei herausgekommen? Die Konfliktlinien verlaufen also nicht einfach zwischen West und Ost, sondern insbesondere auch zwischen Männern verschiedener Generationen und obendrein innerhalb des Ostens selbst, wie ich feststellen musste, zwischen Leuten wie mir und manchen älteren Bürgerrechtlern, die mir zu meiner eigenen Überraschung und Irritation vorhalten, dass ich ihre Lebensleistung ebenfalls kritisieren würde. Als hätte ich die Freiheit angegriffen, die sie damals (für mich) erkämpft haben. *How bizarre!* Davon kann überhaupt keine Rede sein, weil ich davon gar nicht rede. Ich greife nicht die Freiheit an, sondern Formen der Ungleichheit und Unfreiheit in der Demokratie selbst.

Ich bin Jahrgang 1967, jetzt also 55 Jahre alt und gewiss kein *angry young man* mehr. Öffentlich und privat attackiert haben mich aber vor allem noch ältere, noch weißere Männer, als ich selbst einer bin, etwa der Bonner Philosoph Wolfram Hogrebe, der Bielefelder Germanist Klaus-Michael Bogdal sowie der ehemalige Redaktionsleiter des Bayrischen Rundfunks Gerhard Losher. Hogrebe ist Jahrgang 1945, Bogdal 1948, und Losher befindet sich meines Wissens ebenfalls bereits im Ruhestand. Während Losher in der *FAZ* und Bogdal im *Tagesspiegel* sich argumentativ mit meinen Überlegungen wenigstens auseinanderzusetzen versuchen, geht es Hogrebe in seinem Leserbrief vom 10. Februar ausschließlich um persönliche Herabwürdigung, Diskreditierung und Diffamierung. Da heißt es unter anderem: »Ich bin angewidert, dass dieser selbstgefällige Gestus jetzt auch in der jüngeren Generation aus Gründen einer preiswerten Selbstprämierung um sich greift.« Hier zeigt sich der West-Ost-Konflikt nicht nur im schönsten Paternalismus als Generationenkonflikt zwischen den Vätern aus dem Westen und den Söhnen aus dem Osten, für die sie alles getan haben wollen. Durch meine Wortmeldung ringen sie nun um Fassung. Dieser Konflikt wird zudem übersetzt in ein ebenso hierarchisches Lehrer-Schüler-Verhältnis, indem daran erinnert wird, dass ich früher ja bloß mal »Assistent« gewesen sei, wie er selbst übrigens auch, nur noch früher, was er jedoch vergessen hat.[111] Eine Rede auf Augenhöhe wird konsequent verweigert. Mehr noch, er will mich nach Hohenschönhausen schicken, weil ich offenbar verdrängt hätte, wie schlimm es damals war. Meine Erinnerung soll falsch, verkürzt und unzulänglich sein, seine dagegen alles ins rechte Licht rücken. Dabei schwelgt er lediglich in Sentimentalitäten, wie schön es in den 1990ern war, als er selbst in Jena lehrte und im gesamten Osten Tausende und Abertausende ihre Arbeit oder gar ihre gesamten Lebensgrundlagen verloren: In seiner Sicht hatten sich freilich alle lieb, waren im Aufbaufieber, die alten und die neuen Kollegen, die sich besonders gut auch mit den »Sekretärinnen vor Ort« verstanden (!).* Er hebt hervor, dass es in Jena unmittelbar nach der Revolution ostdeutsche Rektoren gegeben habe. Als würde jemand dieses historische Faktum in Abrede stellen. Keineswegs, nur ist mein Erkenntnisinteresse ein ganz anderes und lautet: Warum gibt es *heute* keine Rektoren mehr aus dem Osten, womöglich sogar in Konstanz, Köln, Frankfurt/M. oder Heidelberg? Und recht betrachtet, möchte Hogrebe eigentlich gar nicht, dass ich mir Hohenschönhausen bloß zur Aufbesserung meines offenbar beschädigten Erinnerungsvermögens ansehe, sondern er möchte mich im Grunde zur Strafe gleich ganz in die DDR zurückschicken. Als würde ich in irgendeiner Form den Unrechtsstaat DDR verteidigt haben, ihm sentimental nachtrauern oder irgendwo nostalgisch festsitzen. Davon kann überhaupt keine Rede sein. Außerdem be-

* Die Westprofessoren hier und die Ostsekretärinnen da: zu dieser politischen, geschlechtsabhängigen, sozialen und beruflichen Hierarchie könnte einem auch jenseits von *#MeToo* manches einfallen.

streitet niemand, was nach 1989 an zweifellos Positivem aufgebaut worden ist, auch ich nicht, an keinem Punkt. Ich bestreite das nicht zuletzt deshalb nicht, weil ich gar nicht davon rede, sondern von etwas ganz anderem! Die derzeitige Schieflage zu kritisieren, heißt mitnichten, die DDR in Schutz zu nehmen. Dass man das ausdrücklich erklären muss: wie ermüdend, wie lächerlich. Was für eine absurde Vorstellung! Es zeigt nur, dass der Osten gesamtgesellschaftlich nicht mitreden dürfen soll. Der Westen begreift offensichtlich nicht, dass Kritik am »Westen« keine Entscheidung für den »Osten« oder gar für die DDR ist, sondern zum notwendigen Selbstreflexionsprozess unserer Demokratie gehört, und zwar gerade dann, wenn sie, wie die anderen westlichen Demokratien auch, schon seit geraumer Zeit unter größtem Legitimationsdruck steht.

Dieses Problem zeigt sich auch in der Reaktion von Klaus-Michael Bogdal, der in seinem Artikel im *Tagesspiegel* vom 23. Februar 2022 einem identitätspolitischen Missverständnis aufsitzt, wenn er meint, dass ich »eine durch Geburt, Ortsgebundenheit und Gemeinschaftserfahrung geprägte Ost-Identität« behaupten würde. Nirgendwo aber beanspruche ich eine solche Identität, vielmehr verwahre ich mich im Sinne einer »Des-Identifizierung« aufs Schärfste gegen eine derartige Zuschreibung. Ich habe kein Problem damit, geografisch und historisch ein Deutscher aus dem Osten zu sein, so wie andere Deutsche aus dem Süden, Norden oder Westen sind, aber ich reagiere allergisch, wenn man versucht, mich zum »Ostdeutschen« zu machen, mit all den damit verbundenen pejorativen Implikationen. Das ist ein grundlegender Unterschied. Außerdem inszeniere ich mich nirgendwo als »Opfer«, wie Bogdal unterstellt. Das wäre falsch, anmaßend und grotesk, dazu habe ich als Professor überhaupt keinen Grund. Sondern ich versuche, mit meinen Mitteln kommunikative Mechanismen im seit über 30 Jahren herrschenden Diskurs zu beschreiben. Und von »Migranten und Flüchtlingen«, die er glaubt ins Spiel bringen zu müssen, ist in meinem Text nirgends die Rede, schon gar nicht vergleichsweise.

Auch meine ehemalige Jenaer Kollegin Sandra Kerschbaumer hat in ihrem ausführlichen, von Irritation geprägten *FAZ*-Artikel vom 9. Februar letztlich beklagt, dass ich bei allem Richtigen, das sie zugesteht, durch Zuspitzungen und Vereinfachungen die Gräben vertiefen würde. Das kann man sicher bedauern, wenn man auf der »richtigen« Seite des Grabens steht. Im Alltag, so Kerschbaumer, komme man doch gut miteinander aus. Ohne Zweifel, an dieser Oberfläche des Zusammenlebens kommt man meist gut miteinander aus. Man spricht (gelegentlich) die gleiche Sprache, ohne freilich *dieselbe* Sprache zu sprechen,* man teilt eine bis zum 8. Mai 1945 gemeinsame Geschichte, man

* Was das in einem ganz anderen, *kategorialen* und gerade nicht auf den Dialekt bezogenen Sinne heißt, hat der »deutsch-deutsche Autor« Uwe Johnson immer wieder vorgeführt, am deutlichsten in dem schon 1961 publizierten Roman *Das dritte Buch über Achim*.

freundet sich an, man heiratet vielleicht sogar, alles durchmischt sich, die einen gehen hin, die anderen kommen her, die Kinder gehen gemeinsam zur Schule, man trifft sich in den Sport- und Bürgervereinen etc. Ost und West? Kein Problem. Alles schön hier, die reinste Idylle, gerade im Osten. Wozu also, fragt sie sich, »die Sortierung, die Abgrenzung«?

Die Unterschiede werden von mir nicht in womöglich identitätspolitischer Absicht herbeigeredet: Sie sind tagtäglich mit Händen greifbar, sie existieren. Und sie sind sowohl historisch begründbar wie auch ökonomisch, sozial, finanziell, demografisch, regional-mentalitätsgeschichtlich etc. Auf sie wird folglich nicht hingewiesen, um sie zu betonen oder gar als vermeintlich »neue Mauer« zu imaginieren und zu errichten, wie mir verschiedentlich unterstellt worden ist, sondern im Gegenteil, um ein deutlicheres Bewusstsein dafür zu schaffen, in welch dramatischem Ausmaß sie sich vererben und Raum gewinnen und weil sich dringend etwas ändern muss, wenn die Demokratie als politisches System wie auch die Gesellschaft als soziales Gebilde ihr Maß, ihre Mitte, ihre Balance finden sollen. Im Alltag, auf der Straße, soll man den Unterschied selten oder nie bemerken? Nicht im Auftreten, im Habitus, in der Sprache, in den Lebenschancen, in den gesellschaftlichen Positionierungen? Nicht im Verdienst, im Vermögen, in den Erbschaften? Nicht in den davon abhängigen Lebensentscheidungen wie Schulwahl der Kinder, Wohnort, Wohnform, Auto, Urlaubszielen oder Urlaubsformen usw. usf.? Eine Nachrichtenmeldung vom September 2022 besagt, dass die Deutschen immer mehr Geld für ihren größten Fetisch ausgeben, das Auto. Es werden immer mehr und immer größere Autos gekauft, teilweise als Zweit- oder Drittwagen je Familie.[112] Aber eben vor allem im Westen, während die Zahlen im Osten seit 2012 im Wesentlichen stagnieren, nicht zuletzt der höheren Benzinpreise wegen. Als Gleiche sind wir oft dermaßen ungleich, dass sich die Balken biegen.

Um dafür gleich ein weiteres Beispiel zu geben: Ein Westdeutscher, der vor einem halben Jahr von Baden-Württemberg nach Thüringen gezogen ist, schrieb mir, dass der Osten ja »noch« anders in den Urlaub fahre. Westen als Norm, Osten als Abweichung: »Weiter ist uns aufgefallen, dass Familien, die ursprünglich aus der Region kommen, ihren Urlaub eher in (Ost-)Deutschland oder in einem Pauschalurlaub verbracht haben, als das die Bekannten tun, die einen westdeutschen Hintergrund haben.« Als wäre das Ausdruck vermeintlich typisch ostdeutscher Beschränktheit und nicht, wie beim Autokauf, eine Frage des Geldes, was man sich leisten kann und was nicht. Auf die Gefahr hin, mich zu wiederholen: Erstens durfte man im Osten aus politischen und ideologischen Gründen kein Vermögen aufbauen. Zweitens, damit zusammenhängend, erbt man im Westen ein Vielfaches dessen, was man im Osten erbt. In Bayern und Baden-Württemberg sind das pro Kopf etwa 175 000 Euro, in Mecklenburg-Vorpommern und Brandenburg sind es rund 23 000 Euro. Bei diesen offiziellen Zahlen der Deutschen Bundesbank wurden die zwei Prozent derer mit dem höchsten Erbe sogar herausgerechnet, weil sonst angeblich die Statistik verzerrt erscheint.[113] Drittens, noch mal, verdient man im Osten durchschnittlich 22,5 Prozent weniger Geld – über 30 Jahre nach der Wiedervereinigung. Wie soll unter diesen Bedingungen zum Beispiel ein individuell gestalteter Urlaub auf den Malediven, in Japan oder eine Schiffsreise in die Antarktis möglich sein? Und man muss daran erinnern, dass Corona in Deutschland im großen Stil zuerst von Leuten verbreitet wurde, die sich einen Skiurlaub in Ischgl hatten leisten können. Natürlich allesamt aus dem Westen, weshalb Corona in der Anfangsphase im Osten gar nicht auftrat.

Auf dieser Linie der Ungleichheit, dass Geld im reichen Westen keine Rolle spielt, im armen Osten aber schon, hat sich ein Journalist im sonst so reflektierten Magazin *11Freunde* darüber lustig gemacht, dass vergangene Saison nur wenige Fans von RB Leipzig mit zum Auswärtsspiel nach Glasgow in der Europa League gereist sind, während Fans des Traditionsvereins Eintracht Frankfurt in großen Mengen ihrer Mannschaft durch halb Europa gefolgt sind. Das soll Ausdruck der Leidenschaft sein, wie ihn nur Tradition hervorzubringen vermag. Nein, es liegt auch hier daran, dass Frankfurt eine reiche Stadt mit ausreichend zahlungskräftigen Fans ist, Leipzig dagegen nicht, und dass Frankfurt rund 160 000 Einwohner mehr hat. Im Jahr 2020 lag die Armutsgefährdungsquote in Leipzig bei 22,7 Prozent, die Einkommensreichtumsquote bei 5,5 Prozent; in Frankfurt stand die Armutsgefährdungsquote bei 19 Prozent, die Einkommensreichtumsquote (vom eigentlichen Vermögen ist dabei noch gar nicht die Rede) aber bei 14,2 Prozent[114] – kein Wunder also, dass so viele Frankfurter ihre Mannschaft bei den Auswärtsspielen unterstützen konnten. Leipzig hingegen war jahrelang sogar die Armutshauptstadt Deutschlands; noch bis heute lebt hier jedes fünfte Kind in Armut![115] Da überlegt man sich natürlich zweimal oder besser dreimal, ob man für ein Auswärtsspiel, etwa in Glasgow, mitten in der Woche Urlaub nimmt und mal eben ein- oder zweitausend Euro für Ticket und Spesen locker macht. Man ist also nicht nur ärmer, sondern wird auch noch öffentlich dafür verhöhnt.

Und da RB Leipzig als »Dosenklub« und meistgehasster Fußballverein Deutschlands gilt, möchte ich an dieser Stelle auch gleich noch ein Lob auf die Traditionsvereine und die Fußballromantiker ausbringen, auf die also, die mit einem so menschenrechtsfreundlichen Land wie Katar kooperieren, mit den Tierquälern von *Wiesenhof* oder bis vor Kurzem mit *Gazprom* (lange mit einem Rassisten an der Vereinsspitze), die von Konzernen wie VW, SAP oder Bayer getragen werden, die von Leuten wie Klaus-Michael Kühne, Lars Windhorst oder Martin Kind unterstützt werden. Auf all die, die in den letzten Jahren so erfolgreich Trainer und Spieler verschlissen und dabei Millionen Euro verbrannt haben, um gegen den Abstieg zu spielen oder einfach abzusteigen. Mithin auf die, die regelmäßig ihren Hass auf RB Leipzig grob unsportlich, schäbig und verlogen artikulieren, wie etwa im Umfeld des von Leipzig erstmals gewonnenen Pokalfinales 2022, die außerdem, selbst auf moralisch hohen Rössern sitzend, alles, was Fairness, Anstand und Würde gebieten, mit Füßen treten, indem sie beispielsweise, von zwei Ausnahmen abgesehen, nicht einmal meinen, dem Sieger des Pokalfinales gratulieren zu müssen. Wahrlich, ein Hoch auf all die, die von Vielfalt reden und dass der Fußball »bunt« sei. Allein RB soll es nicht zu bunt treiben. Fast alle waren in diesem Finale gegen Leipzig – nur nicht der Fußballgott. Er hatte ein Einsehen und sorgte für Gerechtigkeit, weil er begreift, wie viel RB Leipzig für das Selbstbewusstsein der Stadt, das Umland und doch auch den Osten tut, ob man das nun wahrhaben will oder nicht.

In Reaktion auf meinen Artikel bin ich immer wieder aufgefordert worden, auch über »das Positive der Entwicklungen« zu sprechen – als wäre das mein Thema. Das Positive betont sehen zu wollen, fordern zumeist die ein, die grundsätzliche Zweifel fürchten wie der Teufel das Weihwasser. Es heißt, so zu tun, als sei alles nicht so schlimm, als würde sich das von selbst regulieren, als würden sich die Unterschiede verwachsen, als wäre es nur eine Frage der Zeit, bis alles zusammengewachsen ist, als wären wir rein biologische Wesen. Es verwächst sich aber gar nichts.

Der Wunsch, das Positive herauszustellen, und die damit einhergehende Forderung nach Differenzierung und differenzierter Darstellung sind überaus löblich. Ich bin Wissenschaftler. Differenzierung gehört zu meiner täglichen Arbeit, das Herstellen von Genauigkeit zählt zu meinen Leitbildern. Nur ist eben das Thema, das mich beschäftigt, von Soziologen, Politologen und Zeithistorikern schon so differenziert und mit genauen aktuellen Zahlen, Fakten und Daten unterlegt, dass ich dem gar nichts hinzuzufügen habe. Ich kann das allenfalls kommentieren und den Diskurs analysieren. Im Übrigen interessiert sich die westdeutsche Allgemeinheit nicht für differenzierte Darstellungen des Ostens oder des West-Ost-Gefälles. Zwar flackert manchmal der politische Wille auf, die vielfach ausführlich inkriminierten Zustände zu ändern, aber nur so lange, bis es »Wichtigeres« zu tun gibt und die Eigentumsverhältnisse nicht berührt werden. Oft bedeutet die Forderung nach Differenzierung einerseits ein Ausweichen vor der realen Problemstellung und andererseits ein gezieltes *Verwischen jener Unterschiede, die vom Westen doch schon immerzu gemacht werden* und die die Wirklichkeit der Menschen seit Jahrzehnten prägen. Differenzierung suggeriert, es sei alles halb so wild – *nicht der Rede wert*. Aber man muss irgendwann die Bäume zusammenzählen und sagen: Es ist ein Wald! Ja, es ist der Rede wert, und zwar in aller Schärfe, weil das bloß Differenziert-darüber-Reden oder gar das Nicht-mehr-darüber-Reden heißt, den Status quo einfach zu verlängern und auf Dauer zu akzeptieren.

Der Herrschaftsanspruch des Westens zeigt sich noch darin, dass mein Text nur dann etwas gelten soll, wenn auch die Zustimmung aus dem Westen vorliegt, als sei er nur dann überhaupt akzeptabel und *wahrheitsfähig*. Was für eine Anmaßung! Als hinge die Geltung einer Argumentation von Himmelsrichtung und Herkunft ab. Die Forderung nach Differenzierung ist der charakteristische Ausdruck für das radikale NICHTWAHRHABENWOLLEN der gesamten Situation. Das spiegeln die empörten Reaktionen präzise wider, indem sie entweder die Argumentation rundweg bestreiten oder die von mir angeführten, auf wissenschaftlichen Studien basierenden Zahlen, Fakten und Daten bezweifeln, als hätte ich mir diese auf irgendwelchen dubiosen Websites zusammengesucht oder mich schließlich, wenn alles andere nicht hilft, als Person und als »Ostdeutschen« diskreditieren wollen, beispielsweise als »Stalinisten«, »Jammer-Ossi«, oder, so der Sohn von Joachim Gauck in seinem *FAZ*-Leserbrief vom 10. Februar, als »beleidigten PDS-Professor«. So sieht das kümmerliche kommunikative Handeln mancher Kritiker aus.

Zu guter Letzt noch eines: Bei der Frage nach Alter und Generationszugehörigkeit muss man nachtragen, dass es für Ostdeutsche *extrem* darauf ankam, wie alt sie zum Zeitpunkt der Revolution waren, an welchem lebensgeschichtlichen Punkt sie sich folglich seinerzeit befanden; bereits ein Jahr jünger oder älter konnte einen Unterschied ums Ganze bedeuten, konnte Möglichkeiten eröffnen oder eben bereits vernichtet haben. Wer die Schule, die Ausbildung, das Studium oder gar eine Promotion noch im Osten absolviert oder gar schon Jahre im Beruf gearbeitet hatte, sah sich vor ganz andere, vor allem aber *viel weniger* Optionen gestellt als jemand, der im Glück der späteren Geburt bestimmte Qualifikationen dann zu gesamtdeutschen Konditionen erwerben durfte. Das prägt die Wahrnehmungen bis heute. In dem Zusammenhang ist es sehr aufschlussreich zu sehen, wie sich, zur nachhaltigen Verstörung Hogrebes und anderer, gerade in meiner Generation seit einiger Zeit immer stärkerer Widerstand gegen das eingeführte Narrativ und die herrschenden Diskursmuster artikuliert. Und damit meine ich diejenigen der um 1970 oder etwas früher im Osten Geborenen, wiederum hauptsächlich *Männer*, jene also, die 1989/1990 den Eindruck hatten, jung genug und damit gerade noch davongekommen zu sein, um alle sich nun öffnenden Möglichkeiten zu nutzen, was wir, soweit es eben ging, auch gemacht haben. Es scheint mir kein Zufall zu sein, dass in den letzten Jahren die zweifellos wichtigsten Bücher zur innerdeutschen Frage von Ilko Sascha-Kowalczuk, Jahrgang 1967, und Steffen Mau, Jahrgang 1968, geschrieben wurden, nämlich *Die Übernahme. Wie Ostdeutschland Teil der Bundesrepublik wurde* (2019) und *Lütten Klein. Leben in der ostdeutschen Transformationsgesellschaft* (2019). Diese Bücher haben deshalb so großes Aufsehen erregt, weil sie das deutsch-deutsche Verhältnis ganz anders perspektiviert, Gegenentwürfe zur dominanten

Selbsterzählung des Westens entwickelt und dem Osten in umfassender Form Gerechtigkeit widerfahren lassen haben. Offenbar ist es so, dass diese Generation, zu der ich als Jahrgang 1967 ebenfalls zähle, nun erstmals in größerem Maßstab auf die letzten 30 Jahre zurückblickt und kritisch Bilanz zieht. Äußerlich betrachtet, scheinen wir zu den im »System« Etablierten zu gehören oder sind selbst Teil des »Systems« geworden, sollten vordergründig also keinen Anlass haben, Einspruch zu erheben. Und doch scheint dieser Einspruch mehr als notwendig, ja überfällig, weil sich vielen Ostdeutschen eben keinerlei angemessene Lebenschancen in der *brave new world* der wiedervereinigten neoliberalen Bundesrepublik geboten haben und bieten, weil auch sie, wie die Generationen vor ihnen, benachteiligt, verhöhnt und ausgeschlossen wurden und werden. Man hat sich an die systemische und systematische Benachteiligung gewöhnt und hält sie für einen »normalen« Aspekt der innerdeutschen »Normalität«. Abgesehen vom inhärenten Zynismus ist daran gar nichts »normal«, da wird einfach die herrschende »Normalität« zur *Norm* erklärt. Man muss nicht Walter White heißen und im Alter von 50 Jahren an Krebs erkranken, um im Rückblick festzustellen, dass bislang etwas maximal schiefgelaufen ist. Der Deutungs- und Interpretationskampf wird sich verschärfen.

8.

Kunst im Osten: »Alles Gesinnung!«

Blickt man auf die Zeit seit 1989 zurück, lässt sich in fast jeder Hinsicht beobachten, dass und wie der Osten im Osten eingeschlossen bleiben soll, obwohl doch offiziell die Maßgabe lautet, er möge sich – trotz erheblich geringerer Löhne und geringerer Renten, von allem anderen zu schweigen – an den Westen angleichen und sich »normalisieren«. Diesen Ausschluss als Einschluss kann man auf zwei prominenten Feldern besonders gut beschreiben, dem der Literatur und dem der bildenden Kunst. Hier geht es um nichts anderes als um die Löschung des Textgedächtnisses einerseits und die Löschung des Bildgedächtnisses andererseits. Das Raumgedächtnis konnte man zwar geschichtspolitisch hochgradig symbolisch angreifen, indem man an der Stelle des Palastes der Republik das Phantom des Berliner Schlosses errichtete, aber man konnte es nicht insgesamt liquidieren. Dafür war dann doch zu viel Funktionales gebaut worden, nicht nur in Berlin-Marzahn. Mit Texten und Bildern hingegen lässt sich ganz anders verfahren. Dabei erscheinen der notorische deutsch-deutsche Literaturstreit und die deutsch-deutschen Bilderstreitereien als Fortführungen des Kalten Krieges mit anderen Mitteln.

8.1. Löschung des Textgedächtnisses

Mit explizit strategischem Kalkül schreibt Ulrich Greiner in der *ZEIT* vom 2. November 1990 über die Literatur der DDR und insbesondere über die Werke von Christa Wolf: »Es geht um die Deutung der literarischen Vergangenheit und um die Durchsetzung einer Lesart. Das ist keine akademische Frage. Wer bestimmt, was gewesen ist, der bestimmt auch, was sein wird.«[116] Es geht also um maximale Deutungshoheit und absolute Diskursherrschaft einerseits und, was Greiner aber nicht auffällt, um ästhetische Normativität andererseits. Mit Frank Schirrmacher von der *FAZ*, Karl Heinz Bohrer vom *Merkur* und Hajo Steinert von der *Weltwoche* weiß er sich darin einig, dass diese Literatur nichts weiter gewesen sei als »Gesinnungsästhetik«, ja »Gesinnungskitsch«, konkret eine »Verbindung von Idealismus und Oberlehrertum«, bei dem moralische Fragen das Ästhetische unter sich begraben hätten. Dessen habe sich zwar auch die bundesdeutsche Literatur besonders im Umfeld der Gruppe 47 schuldig gemacht, aber in der DDR sei es der Regelfall gewesen, mit Christa Wolf in seiner schlimmsten Ausprägung.[117] Zwar gab es damals Gegenstimmen, aber Greiner & Co. haben, von heute aus gesehen, in diesem deutsch-deutschen Literaturstreit ganze Arbeit geleistet, sofern die Literatur der

DDR sich von diesem Schlag nie erholt hat. Das zeigen besonders deutlich die Lehrpläne an den Schulen und die Vorlesungsverzeichnisse an den deutschen Universitäten, mithin die sichtbaren institutionalisierten Formen der Überlieferung: Die Literatur der DDR führt hier nur ein Schattendasein, sofern sie über Brecht und Heiner Müller hinaus überhaupt vorkommt.[118] Das Textgedächtnis wurde auf diese Weise erfolgreich beschädigt, wenn nicht gar gelöscht.

Bereits am 25. Februar 1992 schrieb Christoph Hein in diesem Sinne an den Verleger Elmar Faber: »Es gab und gibt die verschiedensten Versuche, die ostdeutschen Schriftsteller abzuschaffen.«[119] Dazu gehörten damals über den unmittelbaren Literaturstreit hinaus die Kampagnen gegen Christa Wolf, Heiner Müller, Stephan Hermlin und andere, dazu gehörte die falsche und besonders perfide Denunziation Stefan Heyms als angeblichem Mitarbeiter der Staatssicherheit, dazu gehörte über zehn Jahre später aber auch noch die Kampagne gegen Christoph Hein selbst, als dieser das Deutsche Theater in Berlin als Intendant übernehmen sollte. Hein hat diese ungeheuerliche Sauerei in einem Text mit dem bezeichnenden Titel »Der Neger« entsprechend scharf thematisiert. Denn natürlich durfte dieses renommierte Haus unter keinen Umständen von einem Ostdeutschen geleitet werden. Der »zentrale Feuerbefehl«[120] gegen Hein war erfolgreich, die Intendanz übernahm ein Westdeutscher, der zuvor selbst in der Findungskommission gesessen hatte. Korruption? Ein böser Witz?

Nein, deutsch-deutsche *Realität als kaltschnäuzig-zynische Normalität* bis heute.

Nun will ich aus Platzgründen die ethische, ästhetische und anthropologische Wertigkeit der DDR-Literatur hier gar nicht bewerten, aber doch anmerken, dass, mit Ausnahme von Marcel Reich-Ranicki, keiner der – übrigens durchweg *männlichen* – Kritiker in seinem Leben je so viel Mut und Schneid aufbrachte wie die angebliche »Staatsdichterin« Christa Wolf in der Diktatur und gegen die Diktatur. Ob nun in der Debatte vom 11. Plenum 1965, wo sie, als junge Frau unter lauter alten *hardcore* Ideologen, in scharfer Form die Zensurmaßnahmen der Partei kritisierte, ob als eine der zwölf Erstunterzeichner des Protestbriefs gegen die Biermann-Ausbürgerung 1976 oder ob in einer Vielzahl anderer Auseinandersetzungen. Ihre Zivilcourage überragt bei Weitem die dreijährige Tätigkeit bei der Staatssicherheit, von der sie im Übrigen als »unbrauchbar« eingestuft wurde. Auch dass sie die Wiedervereinigung abgelehnt hat, ändert nichts an diesen Tatsachen. Und literarische Leistungen wie *Nachdenken über Christa T.* und mehr noch *Kein Ort. Nirgends* nicht als radikale Auseinandersetzungen mit den bedrückenden Lebensbedingungen in der »östlichen Lagergesellschaft« (Imre Kertész) anzuerkennen, bedeutet entweder schlicht bösen Willen oder pure Ignoranz oder zeugt einfach vom Geistesbankrott des jeweiligen Kritikers. Aus der saturierten Perspektive westdeutscher Bürgerlichkeit war und ist offenbar leicht zu urteilen. Ganz zu Recht bezichtigte Lew Kopelew die Kritiker der »kleinkarierten Gehässigkeit und Wirklichkeitsferne«. – Ich hätte mir übrigens nie vorstellen können, mal eine kleine Apologie von Christa Wolf zu schreiben. Das ist für mich selbst so überraschend wie notwendig.

Die Pointe der Geschichte ist freilich eine andere: Kritiker wie Greiner und Bohrer meinten, die moralinsauren, ästhetisch uninspirierten Literaturen der DDR und der BRD beklagen und in den Orkus schicken zu müssen – und dürften wohl vom Donner gerührt sein angesichts der scharfen Durchmoralisierung vieler heutiger Texte, seien sie nun journalistischer, literarischer oder wissenschaftlicher Natur. Gesinnungsprüfungen sind bekanntlich wieder an der Tagesordnung. Hauptsache, die gerade heute geltende Moral stimmt, auch wenn es *natürlich* morgen wieder eine andere sein wird. Wahrlich, weit haben wir es gebracht.[121]

Die Folgen dieser frühen Diffamierungskampagne zeigen sich auch an anderen Stellen immer wieder. Vor einigen Jahren hielt ein Kollege auf einer Jean-Paul-Konferenz einen Vortrag zur Rezeption dieses Autors in der DDR. Niemand stellte im Anschluss daran eine Frage, wie es üblicherweise zu erwarten wäre, weil sich niemand darum scherte; stattdessen erkundigte sich jemand nach der Stasi-Verstrickung von Fritz Rudolf Fries, was gar nicht zur Sache gehörte. Und ich selbst musste im Rahmen einer Begutachtung einer Qualifikationsschrift zur DDR-Literatur schon konsterniert feststellen, dass die anderen Gutachter zwar die Arbeit gelesen hatten, aber keinen der Texte kannten, von denen die Arbeit handelte. Die DDR-Literatur, die Anfang der Neunzigerjahre in Bausch und Bogen verdammt wurde, interessiert keinen mehr. Man kennt und liest sie nicht, weil sie aus dem ehemaligen Osten kommt und deshalb nichts wert sein kann. Als würden Texte, um nur wenige Beispiele zu nennen, von Franz Fühmann, Jurek Becker, Christa Wolf, Günter de Bruyn, Brigitte Reimann, Irmtraud Morgner, Heiner Müller, Volker Braun, Christoph Hein, Johannes Bobrowski oder Inge Müller nicht zur deutschen Nachkriegsliteratur gehören, als könnten sie es nicht aufnehmen mit der bundesdeutschen Literatur zwischen 1945 und 1989, als seien hier keine relevanten Einsichten in die *conditio humana* zu gewinnen. Wer behauptet, das sei nichts weiter als gesinnungskonforme »Staatskunst«, hat vielleicht eine Agenda, aber keine Ahnung, weder vom Staat noch von der Kunst.

Auf völlig verrückte Weise setzt sich nun diese Form des Ausschlusses selbst bei jenen Autoren bis heute fort, die gar nicht zur DDR-Literatur zu rechnen sind, weil sie zumeist erst nach 1989, also im Westen zu publizieren begonnen haben. Auch diese Autoren werden gezielt als »Ost-Autoren« segregiert; lediglich Durs Grünbein scheint sich aufgrund seiner hohen internationalen Präsenz aus dieser Misere herausgeschrieben zu haben. Sie bekommen zwar jede Menge Preise, weil die Texte einfach überragend sind, doch niemand von ihnen kann je ein »deutscher Schriftsteller« oder eine »deutsche Schriftstellerin« werden, denn sie stammen ja bloß aus dem »Osten« und werden weiterhin auf dieses Stigma festgelegt. Irina Liebmann hat dazu treffend formuliert, als Autor oder Autorin aus dem Osten zu kommen, sei wie Long-Covid, mithin eine Krankheit, die man nicht mehr loswerde. Für Verlage mag es verkaufsförderndes Kalkül sein, die entsprechenden Texte mit dem Label »Ost« zu versehen, etwa wenn auf dem Cover des 2018 erschienenen Romans *Der neunzigste Geburtstag* von Günter de Bruyn zu lesen ist, hier melde sich eine »Stimme aus dem Osten«. Das klingt ungefähr wie ein »Rufer aus der Wüste«. Über die Marketingstrategie hinaus ist das vor allem eine Abwertungs- und Entsorgungsstrategie, eine radikale Form kulturpolitischer Ghettoisierung. Zweifellos zeigt sich hier eine der vom deutschen Literaturstreit Anfang der Neunzigerjahre ausgelösten katastrophalen Langzeitwirkungen.

Wenig überraschend begegnen mir diese auch in meinem akademischen Arbeitsalltag. Eine Kollegin hatte vor wenigen Jahren die offenbar tollkühne Idee, im Rahmen ihrer Bewerbung auf eine Professur für Gegenwartsliteratur einen Vortrag über den 2014 veröffentlichten Roman *Kruso* von Lutz Seiler zu halten. Die erste Frage aus der Berufungskommission lautete: »Müssen wir uns jetzt wirklich mit der DDR befassen?« Wie gesagt, *Kruso* erschien 2014. Ein anderer Kollege wiederum hat es sich nicht nehmen lassen, in einem Vortrag die Gesinnung der Autoren Durs Grünbein, Ingo Schulze und Uwe Tellkamp auf ihre Demokratiekonformität hin zu prüfen. Natürlich erinnert das sofort daran, dass im deutsch-deutschen Literaturstreit zu Beginn der Neunzigerjahre den damaligen Autoren und Autorinnen aus dem Osten ihre Gesinnung vorgehalten wurde: Im Banne einer Gesinnungsästhetik hätten sie Gesinnungsliteratur verfasst. Mir kommt es vor, als wären wir in einer Zeitschleife gefangen oder im Kreis gegangen und am Ausgangspunkt der Gesinnungsprüfung wieder angelangt, mit anderen Protagonisten und anderen Vorzeichen, aber strukturell ähnlich und mit dem gleichen West-Ost-Gefälle: Da verteilt ein saturiertes westdeutsches, moralisch offenbar einwandfreies Wohlstandskind Zensuren an die Zöglinge des Ostens in Sachen Demokratieverständnis. Durs Grünbein erhält eine *Eins mit Sternchen*, weil er die richtige Gesinnung hat und die Regeln der Rhetorik korrekt anzuwenden weiß. Ingo Schulze bekommt eine *Drei plus*, da sein letzter Roman immerhin »aller Ehren wert« sei. Uwe Tellkamp hingegen ist aufgrund seiner abfälligen Bemerkungen über Flüchtlinge natürlich zu Recht durchgefallen: *Fünf* – setzen!

Bei den drei etwa gleichaltrigen, in den Sechzigerjahren geborenen Autoren muss man sicher besonders genau hinsehen, weil sie ja aus Dresden kommen, einem bekanntlich berüchtigten Ort. Solche Spielchen werden in den Medien freilich auch noch mit ganz jungen Autoren gespielt, etwa Domenico Müllensiefen und Hendrik Bolz, die 1987 beziehungsweise 1988 geboren wurden, also keinerlei Erinnerung an die DDR haben. Auch sie werden konsequent als »Ost-Autoren« rubriziert, nicht etwa einfach als junge »Autoren« oder »deutsche Autoren«. Das wäre alles kein Problem, gäbe es außerdem West-Autoren, Nord-Autoren, Süd-Autoren und Mitte-Autoren. Das ist jedoch nicht der Fall. Der Grund, sie so abzustempeln, liegt offenkundig nicht in den Themen ihrer Bücher, beispielsweise ihrer Kindheit im Osten, sondern allein in ihrer Herkunft, in der Tatsache, zwar spät, aber dennoch in der DDR geboren worden zu sein. Also weg damit, Abschiebung in den Osten. Dass die Themen nicht den Ausschlag geben, belegt ein kurzer Vergleich. Judith Hermanns und Juli Zehs Bücher spielen ebenfalls vielfach im Osten. Trotzdem käme niemand auf die Idee, sie deshalb als »Ost-Autorinnen« auszugliedern.

8.2. Löschung des Bildgedächtnisses

Eine nochmals andere Dimension hat freilich der öffentliche Umgang mit der bildenden Kunst der DDR und später des »Ostens«. Bücher kann man in großen Auflagen unter die Leute bringen; sie stehen in Bibliotheken, werden privat empfohlen, schwärmen aus und lassen sich nicht unterkriegen. Jede Diktatur fürchtet sie, weil sie nicht unter Kontrolle zu bringen sind. Bilder aber benötigen einen institutionalisierten öffentlichen Raum, um gesehen werden zu können, in Ausstellungen, Galerien und Museen. Was in diesen »Räumen der Distribution« (Hanno Rauterberg) nicht gezeigt wird, kennt man nicht. Es gelangt nicht ins Bewusstsein und kommt auch nicht in den Kanon. Darum sind Bilder viel leichter zum Verschwinden zu bringen. Es ist die denkbar schärfste Form der institutionellen Selektion und zugleich der Normierung des ästhetischen Bewusstseins.

Den notorischen Literaturstreit hat es einmal gegeben, den Bilderstreit dagegen gibt es gleich im Plural. Auch da geht es jeweils um Gedächtnispolitik, um Schreibung, Umschreibung und Überschreibung von Geschichte. Besonders berüchtigt waren dann auch die Ausstellungen, die es gegeben hat beziehungsweise eben nicht gegeben hat und die 1999 zum Weimarer Bilderstreit geführt haben und 2017 zum Dresdner Bilderstreit; zu nennen ist natürlich auch die 2009 im Berliner Martin-Gropius-Bau gezeigte und für das Selbstverständnis der Bundesrepublik Deutschland angeblich »repräsentative« Ausstellung *60 Jahre, 60 Werke. Kunst aus der Bundesrepublik Deutschland von 1949 bis 2009*, in der *kein einziges* Werk aus Ostdeutschland gezeigt wurde. Im Weimarer Bilderstreit ging es um die Gleichsetzung von Kunst aus der DDR mit der Kunst aus dem Dritten Reich, um auf diese Weise die DDR-Kunst maximal zu diskreditieren. Im Dresdner Bilderstreit wurde die Kunst der DDR einfach aus den Dresdner Sammlungen entfernt und ins Depot verfrachtet. Sowohl in Weimar als auch in Dresden waren jeweils Kuratoren aus dem Westen am Werk; in Berlin, *nota bene*, war es ein ganz besonderer Westdeutscher, nämlich Kai Diekmann, damals Chef-Redakteur der *Bild*-Zeitung, also ein zweifellos speziell qualifizierter Experte – nur auf welchem

Feld eigentlich? Und entsprechend sahen und sehen seit über 30 Jahren die beiden Formen des Umgangs mit dieser Kunst aus: entweder Diffamierung, indem man sie wahlweise in die Nazi- oder Stalin-Ecke rückt, oder schlicht Abladen auf der Müllkippe der Geschichte. Dass die DDR-Kunst, so wie die DDR-Literatur, kaum einen Platz in den kunstwissenschaftlichen Lehrprogrammen deutscher Universitäten hat, versteht sich.[122]

Der langjährige Kunstkritiker der *FAZ*, Eduard Beaucamp, ein profunder Kenner der DDR-Kunstszene und insbesondere der Leipziger Schule bereits seit den Siebzigerjahren, hat diese Zusammenhänge immer wieder kritisch beleuchtet. In einem Artikel aus dem Jahr 2010 schreibt er dazu: »Es ist schon ein Trauerspiel [...], dass so viele Jahre nach dem Mauerbau noch immer die Wiedervereinigung der beiden deutschen Kunstgeschichten der Nachkriegszeit aussteht und der Kalte Krieg in den westdeutschen Museen noch immer in Blüte steht.«[123] Der seit 1989 währende Streit um die Bilder erscheint als Fortsetzung des Kulturkampfs, der schon im Kalten Krieg mit allen Mitteln geführt wurde: »Auf keinem Kultursektor war der Ost-West-Gegensatz so fundamental und erbittert wie auf dem der bildenden Kunst. Der Osten attackierte die westlichen Abstraktionen als ›morbide Auswüchse des europäischen Kulturnihilismus‹, und der Westen polemisierte gegen das dumme ›Abziehideal‹ und die ›Sklavensprache‹ der Realisten.«[124] Angesichts der Tatsache, dass DDR-Kunst bis heute in westdeutschen Museen fast nirgendwo gezeigt wird, spricht Beaucamp von »hysterischen Boykott-Versuchen gegenüber der Ostkunst, die eine Anerkennung und Vereinigung beider deutscher Kunstentwicklungen nach 1989 noch bis heute behindern«.[125] Wie im Sport und in der Literatur zeigt sich dasselbe Bild: Ausgrenzung und Entwertung auf ganzer Linie.

Und wie in der Literatur setzt sich das in Auseinandersetzungen um die Gegenwartskunst fort. Und wieder ist dieselbe asymmetrische Macht- und Kommunikationsstruktur am Werk. Die Künstler kommen aus dem Osten, die Kritiker mit ihrer medialen Schlagkraft aus dem Westen. Und wieder geht es darum, Künstler zu diskreditieren, zu beschädigen und auszubooten.

Probe aufs Exempel: Wolfgang Ullrich vs. Neo Rauch

Am 16. Mai 2019 veröffentlicht der Kunsthistoriker und Kunstkritiker Wolfgang Ullrich in der *ZEIT* einen Artikel mit dem Titel »Auf dunkler Scholle«, in dem er im Rahmen einer Gesinnungsprüfung mehrere ostdeutsche Künstler dafür kritisiert, dem »Weltbild der Rechten« zuzuarbeiten oder es gar zu teilen. Selbst bei Neo Rauch seien »Motive rechten Denkens« zu finden. Weil er sehr prominent sei, trage er damit »mehr als andere zur Verschiebung des politischen Klimas« bei.[126] In direkter Entgegnung darauf malt Neo Rauch das Bild *Der Anbräuner*, das den Kritiker in obszöner und herabwürdigender Weise zeigt, was Ullrich wiederum dazu veranlasst, das Buch *Feindbild werden. Ein Bericht* zu veröffentlichen. Darin analysiert er die Auseinandersetzung zwischen Kritiker und Künstler als Teil des übergreifenden »neuen Ost-West-Konflikts« – so verkündet es auch das Label auf dem 2020 im Wagenbach Verlag publizierten Buch. Tatsächlich lässt sich der hier ausgetragene Streit als paradigmatischer Fall der West-Ost-Differenzen begreifen.

Gleich im Vorwort sagt Ullrich, das Problem bestünde offenbar darin, dass hier ein »westdeutscher Kritiker« über einen »ostdeutschen Künstler« gesprochen habe.[127] Das sei zugleich ein Paradefall der wieder wachsenden »Abgrenzungen und Aggressionen zwischen Ost und West«.[128] Und er fragt sich, ob er überhaupt das Recht habe, als Westdeutscher, das heißt als »Vertreter einer privilegierten Mehrheit«, über einen Ostdeutschen zu reden, so wie es ja auch »strittig ist, ob Weißen das Recht zusteht, sich in die Deutungen der Erfahrungen von Schwarzen einzumischen, oder wie es Homo- oder Transsexuelle als übergriffig, als eine Form von Aggression empfinden, wenn Heterosexuelle sie analysieren […]«.[129] Allerdings müsse es doch 30 Jahre nach dem Mauerfall möglich sein, dass jemand wie er sich mit jemandem wie Neo Rauch auseinandersetze. Denn sonst würde man ja dazu beitragen, die »Gräben zwischen Ost und West weiter zu vertiefen«.[130] – Im ersten Moment möchte man Ullrich zustimmen, um dann im zweiten sofort innezuhalten, denn er benennt nur die erste Hälfte des Problems. Die zweite Hälfte besteht jedoch darin, dass er nicht einfach über Neo Rauch und zwei andere Künstler aus dem Osten schreibt, sondern dass er Neo Rauch in die Nazi-Ecke zu stellen versucht und damit das im Westen übliche Muster bedient, den Osten generell in die rechte Ecke zu schicken und zu behaupten, das seien letztlich alles Nazis, Rassisten und Chauvinisten. Um einen solch gravierenden Vorwurf zu erhärten, müsste sachlich aber sehr viel mehr aufgeboten werden. Es handelt sich bei der Auseinandersetzung also nicht einfach um einen innerästhetischen Dialog zwischen Kritiker und Künstler, einen Streit im Kunstbetrieb, wie er alle Tage vorkommt, sondern um eine scharfe politische Denunziation, auf die Neo Rauch scharf reagiert und diese als solche ausgestellt hat. Er selbst nennt das Bild, auf dessen genauere Deutung es hier nicht ankommt, in einem Zeitungsartikel »das einzige nicht justiziable Äquivalent zu einer wohlverdienten Ohrfeige«.[131]

Mit seinem Artikel in der *ZEIT* hat Ullrich in der üblichen Manier die Deutungshoheit des Westens über den Osten beansprucht und vorgeführt. Neo Rauch aber hat sie ihm mit dem Bild wieder entzogen. Ullrichs daraufhin verfasstes Buch ist nun sichtlich von dem Bemühen geprägt, sich diese Deutungshoheit wieder zurückzuholen, auch dort, wo er sich selbstkritisch und nachdenklich zeigt.

Es gibt aber noch einen weiteren Aspekt, den Ullrich völlig ausblendet, den man aber sieht, sobald man sich einfach das Umgekehrte vorstellt, dass ein ostdeutscher

Kunstkritiker einen international renommierten westdeutschen Künstler in dieser Form beschreiben, angreifen und in die Nazi-Ecke stellen würde. Das Geschrei wäre riesig und die Delegitimierungsmaschine würde auf Hochtouren laufen: Das wäre *ein* mögliches Szenario. Das *andere* liegt aber viel näher: Der ostdeutsche Kunstkritiker – so er denn einer werden konnte, so es ihn denn überhaupt gäbe – hätte gar kein gesamtdeutsches öffentliches Forum, in dem er sich artikulieren könnte und wahrgenommen werden würde. Dementsprechend blieb der von Paul Kaiser ausgelöste »Dresdner Bilderstreit« letztlich eine lokale Angelegenheit »im Osten«. Dieses diskursive und mediale Gefälle kommt Ullrich als spiegelbildliche Projektion aber gar nicht in den Sinn. Bereits strukturell ist es eben nicht egal, dass hier ein westdeutscher Kritiker über einen ostdeutschen Künstler schreibt, wie es schon in den Neunzigerjahren nicht egal war, dass westdeutsche Literaturkritiker über ostdeutsche Autoren geschrieben haben – und bis heute in der von Stephan Pabst analysierten »kommunikativen Asymmetrie« schreiben.[132] Zwar hat das »kritische« Personal gewechselt, aber es ist komplett westdeutsch geblieben. Natürlich müssen in einer Gesellschaft, die sich selbst als frei begreift und beschreibt, idealiter alle über alles und mit allen reden können, aber immer in Reflexion der eigenen, unhintergehbar markierten Positionalität und Relativität, weil sich nur so das Schema von »Norm« und »Abweichung« umgehen und das Aushandeln der potenziell besten Argumente vollziehen lässt.

Einige der wesentlichen Behauptungen Ullrichs seien aber noch etwas näher beleuchtet. Er nennt seinen kunstkritischen Ansatz einen kultursoziologischen, bei dem es zum Beispiel nicht so sehr auf die immanente Deutung von Kunstwerken ankomme, sondern mehr auf ihr Funktionieren im Kunstbetrieb und in der Gesellschaft als Ganzer. Dieser Zugriff lässt sich an seinem Artikel für die *ZEIT* sehr gut beobachten. Da geht es ihm zunächst darum, wie sich in den letzten Jahren die aufklärerische Idee der Kunstautonomie allmählich »von links«, das heißt durch »linke Intellektuelle und Kuratoren«, aufzulösen begonnen hat und nun ganz unerwartet, in förmlich paradoxer Wendung, von konservativer, gar »rechter« Seite reklamiert und neu gefasst wird. So seien auch die Bilder der Künstler, um die es ihm geht, ganz zweifellos in die Tradition der Kunstfreiheit einzuordnen, indem sie, teils konventionell, teils epigonal, teils innovativ, auf Ambivalenz, Ironie, Vieldeutigkeit, ja Rätselhaftigkeit setzen und sich folglich nicht für ideologische, moralische, didaktische, politische oder andere fremde Zwecke vereinnahmen lassen.

Dennoch handle es sich um »Kunstautonomie in ihrer Rechtsaußen-Version«, obwohl man den Bildern die »Gesinnung ihres Urhebers nicht ansehen« würde. Ullrich begründet dies mit den öffentlichen Selbstaussagen der Künstler, etwa in Interviews, in Artikeln oder in öffentlichen Diskussionsforen. Im Zuge dessen parallelisiert er auch Aussagen von klar rechts stehenden Denkern oder neurechten Vordenkern mit scheinbar ähnlich lautenden Formulierungen einiger dieser Künstler. Das Auseinandertreten von Bildern und Texten, von Gemaltem und Gesagtem, von Gemachtem und Gedachtem, ist für Ullrich offenbar eine besondere Schwierigkeit, die er dadurch aufzulösen versucht, dass er das Gesagte dem Gemalten überordnet und Wert und Wahrheit dieser Kunst nicht in den Bildern, sondern in den Texten verorten zu können glaubt. »Paradoxerweise dient die Kunst vieler rechts stehender Künstler also gerade nicht dazu, rechte Thesen zu veranschaulichen.« Ullrich erweckt den Anschein, als hätte er die Künstler nun in ihrer Unredlichkeit, Verlogenheit und gesamtgesellschaftlichen Gefährlichkeit ertappt und entlarvt, als seien ihre Bilder nur Irreführung, Lüge und Schein. Die konstatierte Vieldeutigkeit dieser Bilder soll angesichts der Eindeutigkeit der Aussagen nichts zählen, auch im Fall von Neo Rauch – und nur sein Fall interessiert hier. Für die Bewertung ist offenbar nicht die Kunst entscheidend, sondern der Künstler, was unterstellt, dass »gute Kunst« auch nur von »guten Künstlern«, das heißt moralisch integren Persönlichkeiten, stammen und die Kunst vom Leben her beglaubigt werden soll – als sei nicht oft genau das Gegenteil der Fall![133] Ullrich, der Kunsthistoriker, spricht im Grunde gar nicht über Rauchs Bilder, sondern über dessen Interview-Aussagen. Die Vieldeutigkeiten der Bilder, die er zugesteht, will er über diese Aussagen nach rechts hin vereindeutigen. Als was spricht er aber selbst, wenn er über Rauchs Texte und Propositionen spricht und nicht über seine Bilder? Spricht er als Kunstkritiker oder nicht eher als Diskursmanager?

Auf Ullrichs Verfahren der Vereindeutigung hat Neo Rauch, durchaus anders als sonst, mit einem weithin eindeutigen Bild geantwortet. Es ist jedoch nicht nur im Blick auf den gemeinten Kunstkritiker eindeutig, dessen Initialen rechts unten im Bild überdeutlich zu sehen sind, sondern auch insofern, als es den Vorgang der Vereindeutigung selbst im Bild thematisch werden lässt. Zur modernen Kunst, insbesondere zu den Avantgarden seit dem späten 19. Jahrhundert, gehört die gezielte Provokation genauso wie der Skandal. Das weiß Neo Rauch natürlich, und er nutzt das an dieser einen Stelle aus, mit Worten ebenso wie mit Bildern.

Aber was *sagt* er eigentlich? Er bezieht sich – wie könnte es autobiografisch anders sein – auf seine Osterfahrung, an der er die Gegenwart misst, und fühlt sich auf ungute Weise an vieles aus der DDR erinnert. Diese unwiderlegliche Erfahrung versucht Ullrich nun komplett zu diskreditieren, unter anderem mit der verräterischen und gleich zweimal gewählten Metapher vom »trainierten« DDR-Bürger.* Ostdeutsche Wahrnehmungen werden von ihm in paternalistischer Manier als

* Einmal nennt er die »bereits zu DDR-Zeiten trainierte Kapitalismus- und Konsumkritik« (*Feindbild werden*, S. 72), beim zweiten Mal ist von den in der DDR »trainierten Kulturtechniken, zu denen Misstrauen gegenüber Eliten und Medien gehört«, die Rede (*Feindbild werden*, S. 92). Zweifellos waren in der DDR immer alle im Training und natürlich alle gedopt.

»Steigerung und Verfestigung kulturessentialistischer Überzeugungen«[134] gedeutet und abgetan, denen es obendrein an Weltoffenheit und Flexibilität mangele. Nicht ein einziges Mal fragt sich Ullrich, ob Neo Rauch nicht vielleicht einfach Recht haben könnte mit seinen Reflexionen der Gesellschaft, nicht ein einziges Mal versucht er ernst zu nehmen, was da gesagt wird und was gegebenenfalls daraus abzuleiten wäre. Denn wenn Neo Rauch recht hätte, dann müsste sich die Gesellschaft wirklich sorgen und sich sagen, dass sie offenbar ein riesiges Problem hat. Das aber soll unter allen Umständen vermieden werden. Ullrich maßt sich an, über die vermeintliche Gesinnung Rauchs öffentlich zu urteilen, und würde doch gut daran tun, zuallererst seine eigene Gesinnung zu prüfen.

Doch ich möchte noch einmal zu Ullrichs Artikel »Auf dunkler Scholle« zurückkehren, genauer: zum Titel dieses Textes, der wohl nicht von ihm stammt, sondern von der Redaktion der *ZEIT*. Auch das ist in seiner ganzen Unredlichkeit ein exemplarischer Vorgang für die medialen Mechanismen, mit denen der Westen den Osten unablässig herabwürdigt. Die Tatsache nämlich, dass Ullrich im Text Neo Rauchs Bild *Vaters Acker* (2016) erwähnt, wird von der Wochenzeitung zum Anlass genommen, gleich eine tendenziöse, ja denunziatorische Überschrift zu fabrizieren. Die ihr zugrunde liegende Assoziationskette soll jeder in Gang setzen können: Acker = Scholle = Braun = Nazi. Was Ullrich mühsam im Text herzuleiten versucht, wird hier mit einem Schlag erreicht. – Die ästhetische Faktur des Bildes? Völlig egal! Hauptsache, die politische Unterstellung funktioniert. Was Ullrich und die *ZEIT* machen, getrennt und im Verein, läuft auf dasselbe hinaus: die Bilder des Ostens auszulöschen, indem man sie mit infamen Texten überzieht, und zugleich den Künstler zu brandmarken.

Statt die westdeutsche Diskursmacht zur Skandalisierung eines Künstlers zu instrumentalisieren, wäre es besser gewesen, wenn sich Ullrich dem wirklichen Skandal zugewendet hätte, dass noch immer Nazi-Kunst in deutschen Museen gezeigt wird, wie etwa das Triptychon »Vier Elemente« des NS-Künstlers Adolf Ziegler in der Münchner Pinakothek der Moderne.[135] Kunst aus der DDR und aus dem Osten wird diskreditiert, angefeindet und entfernt, während Nazi-Kunst ihren Platz in deutschen Kunsttempeln nahezu unbehelligt einnehmen kann.

Zum vorläufigen Schluss noch ein persönliches Wort zu DDR-Vergleichen: Dass Erfahrungen diskreditiert werden sollen, bloß weil sie Osterfahrungen sind, kenne ich aus eigenem Erleben nur zu gut. Auch mich erinnert vieles innerhalb und außerhalb meines universitären Alltags ganz fatal an Machtmechanismen, bürokratische Absurditäten und strukturelle Gewalt der DDR. Das kann natürlich daran liegen, dass diese Aspekte moderner Bürokratie und Staatlichkeit prinzipiell eingeschrieben sind. Wenn es aber, wie in den USA und nun auch in Deutschland, wieder um Gesinnungsprüfungen geht, bleibt mir das Lachen doch im Halse stecken. Überprüfungen auf ideologische Zuverlässigkeit waren in der DDR an der Tagesordnung, nach dem Motto: »Bist du für die Partei oder dagegen?« Derlei Überprüfungen tauchen auf andere Art und Weise nun wieder auf, etwa bei Stellenbesetzungen, wo unter anderem versucht wird herauszufinden, wie die Person zur »Frage der Diversität« steht. Selbstverständlich ist Diversität von zentralem Wert. Aber man muss ihr redend und handelnd zur Wirklichkeit verhelfen, statt sie durch bürokratisch abverlangte Lippenbekenntnisse im Grunde zu beschädigen. Denn jeder weiß, was zu sagen ist, weil es sich um ein hohles Sprachspiel mit bekannten Regeln handelt. Niemand wird antworten: »Natürlich bin ich Rassist und Chauvinist, außerdem homophob und misogyn. Sie können mich also bedenkenlos einstellen.« Und doch wird das Spiel mit großem Einverständnis gespielt, als würde es sich um eine ehrliche Frage und eine ehrliche Antwort handeln. Eine groteske Vorstellung. Es ist nichts weiter als ein leeres Ritual moralischer Selbstermächtigung, mit dem sich die jeweils eingesetzte Kommission ein gutes Gefühl gibt und mit dem sich die Institutionen den Anschein ethischer Avanciertheit, Reflektiertheit und Höherwertigkeit zu geben bemühen. Dabei lässt es die extrem hierarchische Bewerbungsbeziehungsweise Gesprächssituation überhaupt nicht zu, Einsichten in den Moral- und Handlungshaushalt der betreffenden Person zu gewinnen. – Wenn ich dann aber diesen aus meiner Sicht nächstliegenden Vergleich zu

Gesinnungsprüfungen in der DDR ziehe, reagieren meine ja fast immer westdeutschen Kollegen, welche die DDR in der Regel nur vom Hörensagen kennen, mit Empörung oder zumindest Unverständnis. Und das kann man immer wieder beobachten: Vergleiche zur DDR sollen nicht gezogen werden dürfen, das erscheint als absolutes Tabu.* Sie werden als dringliche Problembeschreibungen nicht ernst genommen. Dabei bekommt man durch sie einiges an unserer Gegenwart zu sehen. Das ist der Vorteil, wenn man nicht nur *eine* Systemerfahrung gemacht hat, *sondern zwei*, auch wenn das in meinem Fall bedeutet, 22 Jahre in bedrückender Unfreiheit gelebt zu haben.

Ganz fraglos war die DDR ein Unrechtsstaat. Wer wüsste das besser als jene, welche diesen Staat ertragen und womöglich sogar im Wortsinn am eigenen Leib erfahren mussten? Dass die DDR eine der höchsten Selbstmordraten weltweit hatte, ist deutlichster Ausdruck der Unerträglichkeit und Perspektivlosigkeit der Lebensumstände. In *nahezu jedem* Haus in der Nachbarschaft meiner Eltern haben sich Menschen in den Achtzigerjahren das Leben genommen, vor allem junge Männer. Das steht mir bis heute vor Augen. Niemand weint dieser Diktatur eine Träne nach. Das heißt aber nicht, dass sich nicht auch da Erfahrungen hätten machen und

* Natürlich müssen das gut begründete Vergleiche aus intimer Kenntnis sein und nicht der Unsinn, der von Verschwörungstheoretikern, Querdenkern, der AfD und ähnlich Gesinnten produziert wird.

grundsätzliche Einsichten ins Leben hätten gewinnen lassen, dass sich nicht auch da Sensibilisierungen und Bewusstseinsschärfungen eingestellt hätten, mit denen sich *gegenwärtige Wirklichkeiten* angemessen oder sogar genauer beschreiben lassen. Der »Witz« bei alldem besteht ohne Zweifel darin, dass man den Westen nicht an die DDR erinnern soll, obwohl man sie kennt, aber vom Westen, der vom konkreten Leben in der DDR gar nichts weiß, selbst immer wieder daran erinnert wird, *lediglich* aus der DDR oder aus dem »Osten« zu kommen. Mit allen Konsequenzen.[136]

Und keine Erfahrung des Westens ist mehr wert, nur weil es eine Westerfahrung ist. In Deutschland ist es höchstens eine Erfahrung der zahlenmäßigen Mehrheit. Mehrheit und Mehrwert haben zwar eine lautliche Ähnlichkeit, aber keinerlei sachliche Verbindung. Und schon gar nicht ist Mehrheit Wahrheit, sondern lediglich Diskursherrschaft, so wie Konsens ebenfalls nicht Ausdruck einer Wahrheit ist, sondern eine Herrschaftsform. Trivialitäten dieser Art müssen leider von Zeit zu Zeit in Erinnerung gerufen werden. Auch das Leben im Osten war und ist gelebtes Leben, Leben im eigentlichen Sinne, insofern es gelebt werden wollte oder musste, zwangsweise dort nämlich, wo einen der nicht immer liebe Gott, das Schicksal, der Zufall, die Geschichte, die Geografie oder die Politik hingestellt haben. »Das Leben leben, das einem zugefallen ist, und es so leben, daß es einem ganz zufällt, das ist die Aufgabe des Lebens, wo auch immer wir leben.«[137]

9.

Sprechen und Sprecher: »Jammern«

Der Mensch gilt so, weil er Mensch ist,
nicht weil er Jude, Katholik, Protestant,
Deutscher, Italiener ist.

Hegel, *Philosophie des Rechts*

Was ist das eigentlich bisher für ein Text? Eine Schmähschrift, eine Tirade, eine Litanei, eine Polemik, ein undifferenzierter Redeschwall? Alles zusammen, werden sicher einige behaupten. Und die Verächter unter meinen Kritikern werden es auf den lange schon eingeführten Begriff des »Jammerns« bringen und sagen, dass der Autor ein typischer »Jammer-Ossi« sei, der sich mit seiner *Selbstviktimisierung* um die Teilnahme an der gesellschaftlichen *Opferolympiade* bewerbe. Weil das leicht vorhersehbar ist, will ich doch selbst sagen, was ich davon halte. Wie schon festgestellt, ist der Osten in der Sicht des Westens einfach Sachsen, wo demzufolge alle Sächsisch sprechen. Dieses Sächsisch wiederum, so die weitere Spezifikation, soll nun hauptsächlich im Modus des »Jammerns« erscheinen.

Jammer, jammer, jammer – *a rose is a rose is a rose*, und

je näher man ein Wort ansieht, desto ferner blickt es zurück! Was hat es mit diesem vermeintlichen »Jammern« auf sich? Es wird vor allem als nerviges, undifferenziertes, *unartikuliertes* Geräusch wahrgenommen, *ästhetisch* als Tonstörung im gleichförmigen Sound des Westens, *ethisch* als peinliches Selbstmitleid, als Anlass zur Fremdscham, man möchte dem »Ossi« geradezu einen Euro in die leere Sammelbüchse legen, nur damit er endlich Ruhe gibt. Doch sehen wir uns das »Jammern« näher an.

Jürgen Habermas verdankt sich die schon erwähnte, überaus treffende Feststellung, dass der Osten vor 1989 keine Öffentlichkeit gehabt hat, *danach jedoch auch nicht*, weil er in der gesamtdeutschen Wirklichkeit weder über eine gleichberechtigte Stimme noch über ein adäquates Artikulationsforum verfügt. Man kann hierzu ergänzen, dass ostdeutsche Sprecher und »ostdeutsches Sprechen«, sofern sie überhaupt begegnen, prinzipiell ungewohnt erscheinen, weil insbesondere die südlicheren ostdeutschen Dialekte, im weitesten das Anhaltische, Thüringische und Sächsische, selten im öffentlichen Raum von Radio oder Fernsehen zu hören sind, und deshalb fremd, merkwürdig, »komisch« klingen. Die Leute sprechen anders und sie sprechen anderes. Ihr Habitus ist meist ein anderer, nicht zuletzt weil man weniger geübt ist, öffentlich zu sprechen und obendrein inzwischen weiß, dass man Gefahr läuft, im Sprechen und als Sprecher belächelt oder gar vorgeführt zu werden, wie es ja oft genug passiert ist und immer wieder passiert.* Die »Ossis« reden komisch, kleiden sich komisch und sagen obendrein die Uhrzeit »falsch« an, indem sie, wie übrigens die Franken und andere auch, beispielsweise viertel zehn sagen, statt viertel nach neun, oder drei viertel zehn, statt viertel vor zehn. So erkennt man den Menschen im Menschen nicht, weil er eine andere Sprache spricht und sich »anders« verhält. Da kommt alles zusammen: »der Osten« als Thema nervt, das Sprechen nervt, die Sprecher nerven, nicht zuletzt aus Angst, daraus könnten Forderungen erwachsen. Erscheint nun das Sprechen als Abweichung von der Norm, muss augenscheinlich der Sprecher selbst von der Norm abweichen. Zudem soll der Osten öffentlich nur über sich selbst sprechen und soll auch nur negativ darüber sprechen – oder er soll gar nicht sprechen, vor allem nicht gesamtdeutsch. Vielmehr soll er die verstetigte Ungleichheit hinnehmen und schweigen und gleichzeitig noch erdulden, vom Westen kritisiert und verhöhnt zu werden. Kein Wunder, dass so mancher davon beschädigt ist, klein, verunsichert, verstört.

Der Osten, der keine Öffentlichkeit hatte und hat,

* Auch Sandra Kerschbaumer weist in ihrer Entgegnung vom 9. Februar eigens auf die Abweichung in der Sprache hin, indem sie anmerkt, dass ihre Kinder »bei Bedarf Thüringisch« sprechen. Bis zur Karikatur verzerrt erscheint diese Differenz als Sprachschichtung und soziale Schichtung in Dirk von Petersdorffs Novelle »Gewittergäste«, in der ein thüringischer Bauer völlig unverständliche Laute produziert, während die aus dem Westen stammende männliche Hauptfigur natürlich Hochdeutsch spricht. Vgl. Petersdorff: Gewittergäste, S. 13 f.

muss sich endlich Öffentlichkeit erzwingen. Die Wege dazu können verschieden sein, beispielsweise basisdemokratisch auf der Straße, weil sich keine anderen öffentlichen Formen der Kommunikation bieten oder nicht zielführend waren. Und Öffentlichkeit heißt natürlich gesamtdeutsche Öffentlichkeit, heißt gemeinsamer Artikulations- und Verhandlungsraum. Ohne diese Öffentlichkeit zeigt sich als paradoxer Effekt wieder wie früher das Ausweichen in die Ersatzöffentlichkeit der Literatur – daher deren Stärke, daher die vielen Preise für »ostdeutsche Autoren«.

Über den »Osten« als jemand aus dem »Osten« zu sprechen, ist so schwierig und ermüdend, wie es offenbar notwendig ist. Und gleichzeitig ist man eben *der aus dem Osten*, der spricht. Das heißt, man ist jemand, der immer unter Vorbehalt spricht, der gegen Vorurteile anspricht, der gewärtig sein muss, dass sein Sprechen erst dann zählt, wenn es auch vom Westen aus Zustimmung erfährt, als sei allein der Westen *wahrheitsfähig*. Da spricht jemand, bei dem man nicht auf die Argumente hört, weil man eben mit der Tatsache beschäftigt ist, dass da einer aus dem Osten spricht, weil das in der Regel nicht passiert. Hinzu kommt, dass der Westen das Reden aus dem Osten und über den Osten nicht mehr hören kann und möchte. Auch der Westen ist müde, aber aus ganz anderen Gründen. Er ist gelangweilt, genervt, gestört und verdreht die Augen, sobald das Gespräch darauf kommt. Das zeigen private ebenso wie öffentliche Zusammenhänge. Es zeigt sich aber auch in der Wissenschaft. Anfang der Neunzigerjahre glaubte die Soziologie, sich mit der Ost-West-Differenz nicht befassen zu müssen, weil es nur eine Frage der Zeit sei, bis sich die politischen, gesellschaftlichen und wirtschaftlichen Verhältnisse angleichen und die Mentalitätsunterschiede verschwinden würden. Der Osten hole auf, damit sei die Sache erledigt, Osten und Westen folglich nur noch Gegenstand für Historiker. Über 30 Jahre später ist das Thema immer noch da, vielleicht mehr als je zuvor. Deshalb nehmen nun auch einige wenige Soziologen das Thema verstärkt in den Blick. Doch im Zuge dessen stellen sie nicht nur fest, dass sie noch gar keine adäquaten Begriffe dafür haben, von einer eigenen Theorie – postkolonial, intersektional, modernetheoretisch etc.? – ganz zu schweigen, sondern sie beobachten auch, dass das Thema im Fach entweder gar nicht wahrgenommen oder scheel angesehen wird und dass es als Karrierekiller gilt; ein Kölner Kollege sprach sogar von einem »Minenfeld«. Und natürlich spielen bei solchen latent identitätspolitischen Auseinandersetzungen die Fragen eine Rolle, wer wie wann und warum überhaupt etwas dazu sagen darf. *Das Sprechen ist das eine Problem, die Sprecher das andere,* genauer noch: *Sprechen und Sprecher sind die beiden Seiten desselben Problems.* Auch die Soziologie als Wissenschaft ist demnach mehrheitlich genervt, gestört und müde. All dem entspricht die Forderung, man solle endlich zur Tagesordnung übergehen, der Osten solle Ruhe geben, sich normalisieren und sich benehmen wie alle anderen. Schließlich gebe es Wichtigeres. Zweifellos, es gibt Wichtigeres, den Klimawandel, die Corona-Pandemie, die Vernichtung von Leben, Lebensraum und Lebensqualität durch Autoindustrie und Autoverkehr, vor allem aber den Ukraine-Krieg, der inzwischen katastrophale Folgen für die ganze Welt hat. Aber je mehr der Westen es nicht hören und sich nicht damit befassen will, umso größer wird das Problem für die Demokratie in Deutschland.

Was ist nun aber das Besondere, dass jemand aus dem Osten spricht, trotz Angela Merkel oder Joachim Gauck, die gern ins Feld geführt werden bei der Frage, ob es Ostdeutsche in gesellschaftliche Spitzenpositionen schaffen können? Dabei ist deutlich daran zu erinnern, wie und warum sie überhaupt in diese Positionen kommen konnten. Denn das war keineswegs vorgesehen und verdankt sich einem Phänomen, das die soziologische Elitenforschung in anderen Zusammenhängen schon gründlich analysiert hat. In beiden Fällen waren es Krisen, die diesen Aufstieg erst ermöglicht haben. Bei Angela Merkel war es die Spendenkrise der CDU, die dazu führte, dass das *westdeutsche, komplett männliche* Spitzenpersonal für den Chefposten entweder verbrannt war oder sich in der Situation nicht die Finger verbrennen wollte. So konnte Angela Merkel aufrücken, die man glaubte jederzeit nach Bedarf wieder loswerden zu können, ohne auch nur irgendeine Ahnung von ihren herausragenden machtpolitischen Fähigkeiten zu haben, die ihr dann sogar 16 Jahre Kanzlerschaft eintrugen. Bei

Joachim Gauck war es der Umstand, dass der amtierende Bundespräsident Christian Wulff seinerzeit wegen des Verdachts der Vorteilsnahme zurücktreten musste. So konnte Gauck gewählt werden. Beide Male waren es also institutionsinterne Krisen, die eine Rekrutierung aus den etablierten eigenen Reihen als unpassend erscheinen ließen, wodurch sich das Tor für Außenseiter und Aufsteiger öffnete. Man kennt dieses Phänomen auch aus der Wirtschaft oder dem Bankenwesen. Immer sind dies Positionierungen wider Erwarten, weil die üblichen Spielregeln temporär außer Kraft gesetzt sind.

Merkel und Gauck können also gerade *nicht* als Beispiele für die Etablierung Ostdeutscher in Spitzenpositionen dienen. Aber an ihnen zeigt sich dennoch das Problem der Sprecherposition, insbesondere daran, wie sie mit ihrer Ostherkunft umgegangen sind, um sich auf ihren Positionen zu behaupten. Joachim Gauck hat den einfachsten Weg der maximalen Distanzierung gewählt, indem er den Osten insgesamt als »Dunkeldeutschland« bezeichnet und ihm damit einen Bärendienst erwiesen hat. Indem er das Wort verwendete, hat er sich von der Sache, die doch auch die seine ist, befreit, so als ginge sie ihn nichts an. Dergestalt hat er dem verächtlichen Gerede über den Osten noch ein hochwillkommenes terminologisches Geschenk gemacht, das nun ein für alle Mal zu gelten scheint, da es ja *sogar ein Ostdeutscher* gesagt hat: Wenn es schon der »Ossi« selbst sagt, muss es auf jeden Fall stimmen. In einem radikalen Sprechakt der Assimilation und Überidentifikation mit dem Westen hat er sich außerhalb des Ostens, ja förmlich über ihn gestellt.

Angela Merkel dagegen ist anders verfahren, indem sie ihre ostdeutsche Herkunft weithin beschwiegen hat. Es genügte ihr offenbar völlig, in CSU-Kreisen abfällig als »Zonenwachtel« diffamiert zu werden. Das passt ganz hervorragend mit Blick auf das Problem der Zuschreibungen. Wenn ihre Politik im komplett westdeutsch beherrschten öffentlichen Diskurs Zustimmung fand, dann wurde stets an Hamburg als ihren Geburtsort erinnert, weil sie damit ja eigentlich »zu uns«, sprich, zu den »Westdeutschen gehört«; bei Ablehnung ihrer Politik aber wurde laut ihre »Diktatursozialisierung« gegen sie mobil gemacht, dann kam sie plötzlich »bloß von drüben«, als sei sie eine Wiederauferstehung Erich Honeckers, der übrigens aus Saarbrücken kam, dem Westen des Westens. Erst jüngst hat der konservative Teil der CDU förmlich gegen sie nachgetreten und alles Schlechte auf ihre DDR-Herkunft bezogen. Und es muss doch zu denken geben, dass Angela Merkel erst in ihrer Abschlussrede als Kanzlerin zum ersten Mal überhaupt selbst die erlebten Demütigungen thematisiert hat, die sie aufgrund der Ost-Zuschreibung ertragen musste.

Im Grunde könnten aber *alle*, und damit komme ich auch zu mir, über solche Erfahrungen sprechen, die vom Stigma einer ostdeutschen Herkunft gezeichnet sind, folglich alle, gegen die auf zutiefst perfide Weise ihre

Vergangenheit als Waffe eingesetzt wird, mich eingeschlossen. Wenn ich nun seit einigen Jahren selbst eingeladen werde, über Westen und Osten zu sprechen, dann geht es nicht um mich als Literaturwissenschaftler, sehr wohl aber darum, dass ich Professor bin, genauer: einer der wenigen Professoren mit ostdeutschem Hintergrund. Freilich ist dann nicht meine *Profession* gefragt, sondern meine *Position*, die insofern zugleich eine bestimmte *Sprecherposition* einschließt, als mit meiner akademischen Position eine bestimmte Aussagefähigkeit verbunden, vor allem aber die Schutzfunktion des Titels »Professor« aktiviert wird. Sie scheint mich halbwegs davor zu bewahren, sofort als »Jammer-Ossi« bezeichnet zu werden. Doch man muss alle, die das bisher nicht unterscheiden können, explizit darauf hinweisen, dass eine kritische Zustandsbeschreibung der Gegenwart legitim und nicht mit »Jammern« zu verwechseln ist. Darin besteht nämlich der beliebteste rhetorische Trick, kritische Wortmeldungen von ostdeutscher Seite mit der Unterstellung erledigen zu wollen, hier rede wieder bloß ein sogenannter »Jammer-Ossi«, und ihn oder sie damit zum Schweigen zu bringen; dabei von einem Pawlowschen Reiz-Reaktions-Schema zu sprechen, wäre noch untertrieben.

In der privilegierten Position eines Professors habe ich überhaupt keinen Grund zu »jammern«. Gerade deshalb aber sei es wichtig und von besonderer Glaubwürdigkeit, so wurde mir zu verschiedenen Anlässen wiederholt gesagt, dass jemand wie ich mit ostdeutscher

Herkunft über diese Dinge spreche. In der Regel soll ich dann den Osten möglichst als Triebkraft der gesellschaftlichen Spaltung darstellen, soll betonen, wie böse und entsetzlich der Osten ist. Denn wer in dieses Horn bläst, ist im dominanten Diskurs willkommen und wird prämiert. Das kann man sehr gut an den Rezensionen sehen, die in letzter Zeit zu Büchern der erwähnten jungen Autoren erschienen sind, die darin ihre von rechtsradikalen Milieus geprägten Jugendjahre in den Neunziger- und Nullerjahren dargestellt haben, die sogenannten »Baseballschlägerjahre«.[138] Der Ostdeutsche soll offenbar im Modus der Daueraffirmation existieren, indem er über den Osten sagt, was der Westen sich vom Osten denkt. Er soll immer wieder aufs Neue »beitreten«, so wie er 1990 beigetreten ist, statt sich mit dem Westen wiederzuvereinigen, wie es in Artikel 146 des Grundgesetzes eigentlich vorgesehen war.[139] Beitreten heißt natürlich, der geltenden Norm beizupflichten, sie vollumfänglich anzuerkennen und sich ihr letztlich unterzuordnen. In der allgemeinen Wahrnehmung erscheint Kritik des Ostens am Westen grundsätzlich nicht opportun, so als würden wir bereits in der besten aller Welten leben. Das tun wir natürlich nicht, da die beste aller Welten bekanntlich die 1989 untergegangene *alte BRD* war, wie man noch der im Jahr 2020 publizierten *Kurzen Geschichte der Deutschen* des Berliner Historikers Heinrich August Winkler entnehmen kann. Ohne Zweifel eine Spielart der Westalgie: Abgesehen von etlichen alten Nazis in gesellschaftlichen und politischen Spitzenpositionen war da alles schön und wurde alles richtig gemacht.

Eine der zentralen Schwierigkeiten in der deutsch-deutschen Konfliktlage, die ich als Teil der übergreifenden gesellschaftlichen Spaltung zu umreißen versuche, liegt folglich darin, dass es für jemanden aus dem Osten im Grunde keine adäquate Position öffentlichen Sprechens gibt, die nicht in der *Defensive* liegt. Es existieren bisher nur zwei zugelassene, das heißt halbwegs akzeptierte Varianten, sich zum Stigma der ostdeutschen Herkunft ins Verhältnis zu setzen: erstens die explizite Kritik und Distanzierung dieser Herkunft, weil man laut offizieller Sprachregelung aus einem »Unrechtsstaat« kommt, und zweitens die Selbstdemütigung durch vorauseilende Ironisierung, wie sie etwa der Kabarettist Olaf Schubert praktiziert. Das sind, mit Foucault gesagt, die üblichen »Rituale des Sprechens« und zugleich »die großen Prozeduren der Unterwerfung«[140], die den Umgang mit der »Herkunftsscham«[141] (Didier Eribon) kennzeichnen. Jeder andere Modus wird als illegitim oder anmaßend empfunden. Da ich jedoch diese beiden Kunststückchen der Assimilation schon oft erfolgreich vorgeführt habe und nicht zuletzt dadurch in meine jetzige, zweifellos komfortable Position gelangt bin, die ungefähr derjenigen des Affen Rotpeter in Kafkas *Bericht für eine Akademie* entspricht, werde ich das nicht wieder tun.

Aber nicht nur die aporetische Sprecherposition selbst ist ein Problem, sondern genauso sind es die Anlässe des Sprechens. Ein Westdeutscher oder eine Westdeutsche spricht immer und überall – und über alles – im Vollgefühl seiner oder ihrer Repräsentativität und Legitimität, und natürlich dürfen sich Westdeutsche immer als »Deutsche« begreifen. Das erfährt man im Osten ganz anders, weil man innerhalb Deutschlands selbst nie das Bewusstsein verliert, aus dem »Osten« zu kommen und jederzeit zum »Ostdeutschen« gemacht und damit disqualifiziert werden zu können. Im November 2020 hat der Philosoph Wolfram Eilenberger bei *SPIEGEL ONLINE* einen Text über, wie es heißt, *50-Jährige in der Coronakrise* veröffentlicht und darin die These aufgestellt, dass weder der Mauerfall noch 9/11 noch der Klimawandel es geschafft hätten, »unser Lebensmodell« in Frage zu stellen; Corona sei ein mit nichts zu vergleichender »Wirklichkeitsschock«. Mit dem Pronomen »unser« glaubte Eilenberger dabei ganz selbstverständlich, repräsentativ für *alle* Deutschen dieser Generation sprechen zu dürfen. Zwar hat er das wunderbare Buch *Zeit der Zauberer* über die deutsche Philosophie der Zwanzigerjahre geschrieben, doch hier liegt er grundfalsch. Keiner aus dem Osten, der wie ich zu dieser Generation gehört, käme auf die Idee einer solchen Behauptung. Für den Westen mag sie stimmen, für den Osten jedoch nicht. Denn zweifellos waren hier der Mauerfall und die Wiedervereinigung viel einschneidender, das historische Ereignis schlechthin, mit dem das ganze Leben unwiderruflich eine kategorial andere Richtung genommen hat, in guten wie in bösen

Fällen. Die Corona-Pandemie aber wird keine grundsätzliche Änderung unseres von gnadenloser Naturvernichtung bestimmten Lebensmodells einer pervers profitorientierten Konsum- und Freizeitgesellschaft bewirken. Das Beispiel zeigt die Selbstverständlichkeit des westdeutschen Anspruchs auf allgemeine Geltung und Repräsentativität. Selbst jemand wie Eilenberger verkennt die existenzielle Wucht, die der wirkliche Systemwechsel für den Osten nach 1989 gehabt hat und auf Dauer haben wird, ja sie kommt ihm nicht einmal in den Sinn. Man stelle sich zum Vergleich das Umgekehrte vor, dass ein Ostdeutscher beansprucht, seine oder ihre Revolutions- und Transformationserfahrung im Blick auf Gesamtdeutschland für repräsentativ zu halten. Dann sieht man sofort die Fragwürdigkeit der Verallgemeinerung, obwohl sich doch auch für den Westen nach 1989 fast alles geändert hat. Nur wird das von manchen noch immer nicht bemerkt.[142] Wie wir inzwischen alle, egal ob Osten oder Westen, sehen müssen, ist es nicht die Pandemie, die unser Leben komplett verändert, sondern Putins Krieg gegen die Ukraine.

Eine – im Übrigen zutiefst menschenverachtende – These besagt, dass sich die Unterschiede »verwachsen« werden. Da setzt man also auf die »biologische Lösung«. Wenn diejenigen verschwunden sein werden, die sich als »Ostdeutsche« verstehen müssen, weil sie immer wieder dazu gemacht worden sind, wird alles besser, »normalisiert« und entspannt sich die deutsch-deutsche Lage. Dann aber, so lässt sich leicht sehen, werden die Unterschiede einfach als natürliche und naturalisierte Differenz erscheinen, als zwar bedauerliche, aber althergebrachte Strukturunterschiede, an denen man nichts ändern kann, als da sind, dass die Leute im Osten eben ökonomisch schlechter gestellt sind, dass ihnen *selbst im Osten* nichts gehört, dass sie nichts zu bestimmen haben, dass sie nicht als Teil des öffentlichen Diskurses gelten. Dann wird es so sein, weil es gefühlt schon immer so war und offensichtlich sein muss. Zweite Natur eben. Derzeit freilich »verwächst« sich noch gar nichts, auch nicht unter den Jüngeren, die doch die Hoffnungsträger sein sollen. Denn das Zuschreibungsspiel geht ja munter weiter. So berichten mir immer wieder Freunde und Bekannte, dass ihre Kinder, wenn sie in den Westen zur Ausbildung oder zum Studium gehen, dort als »Ossis« verspottet und verhöhnt werden, obwohl sie vorher nie das Gefühl hatten, welche zu sein. Sie werden erst im Westen zu »Ostdeutschen«. Da hilft es freilich sofort, wenn man sagen kann, dass womöglich die Eltern selbst ursprünglich mal aus dem Westen gekommen und nur aus beruflichen Gründen in den Osten gezogen sind. Und siehe da, dann gehören diese Kinder plötzlich wieder dazu, werden eingemeindet und anerkannt. Den Eltern wird der kleine Fehler, in den Osten gezogen zu sein, verziehen, wenn man es auch etwas komisch findet. Wer das nicht von den Eltern sagen kann, dessen Schicksal scheint indes ein für alle Mal besiegelt. Das größte Lob schließlich, das man erhalten kann, besteht darin, es sei gar nicht zu merken, dass man »Ostdeutscher« sei.

Die ostdeutsche Sprecherposition ist demnach immer *markiert*, ja mehr noch, sie ist immer *pathologisiert*, egal wie und worüber man spricht. Die Paradigmen dieser pathologischen Zuordnung lauten: nationalistisch, reaktionär, rechtsradikal, ostalgisch, antidemokratisch, laut, kollektiv minderwertig, kompensatorisch oder, wenn alles andere nicht greift, dann mindestens provinziell und muffig-kleinbürgerlich. Und schon gar nicht kann man sich affirmativ auf den Osten beziehungsweise die Osterfahrung beziehen, ohne pathologisiert zu werden. So ist es kein Wunder, dass viele Leute, nicht nur Angela Merkel, ihre Herkunft beschweigen oder von vornherein ganz verschweigen.

In Erwiderung auf meinen *FAZ*-Artikel wurde mir von dem Bielefelder Germanisten Klaus-Michael Bogdal im *Tagesspiegel* vom 23. Februar 2022 meine »aggressive Sprache« vorgeworfen, in der, kaum zu glauben, sogar noch die reale »Gewalt« der Baseballschlägerjahre, wie sie von den jungen Romanautoren beschrieben wurde, zu vernehmen sei, so als wäre ich Teil einer inzwischen zwar gealterten, aber nach wie vor herumrennenden, schreienden und keulenschwingenden Horde. »Übertreibungen und unzulässige Verallgemeinerungen« würden die Plausibilität meiner Argumentation beeinträchtigen, von »Wut und Ressentiment« seien meine Sätze geprägt. Ein solch polemischer Ton aber vertiefe die Gräben und mache Verständigung auf Dauer unmöglich. Wie andere Ostdeutsche auch bin ich folglich verhaltensauffällig geworden, habe mich im Ton vergriffen und schlimm danebenbenommen. Und dies in der *FAZ*, dem großen Salon bundesdeutscher Bürgerlichkeit. Ein klarer pathologischer Fall. Zum Vergleich gelobt werden auf Dialog angelegte Texte wie die von Wolfgang Engler, Jana Hensel oder Steffen Mau, weil es da eine »produktive Mischung aus Verunsicherung und Selbstversicherung« gebe. Neben Herrn Bogdal haben sich manch andere, auch privat, hauptsächlich am Ton gestoßen, der unverschämt und selbstgerecht sei. Es wäre freilich besser, sie würden sich an der Sache selbst stoßen.

Der Ton stört gewaltig, ich gebe es sofort zu. Denn ich sage ja nichts Neues, aber ich sage es hoffentlich anders: zorngesättigt und frei. Ein solches Reden halte ich in einer freien Gesellschaft für angemessen, vor allem in einer Gesellschaft, die immerzu das Wort »Freiheit« als größten Wert im Munde führt. Freiheit dagegen, die nur im Rahmen von Konformismus und gesellschaftlicher Stromlinienförmigkeit erscheint, ist keine.

Natürlich verstehe ich auch den Wunsch nach »differenzierter Darstellung«. Die gibt es aber nun schon in Hülle und Fülle – und interessiert den Westen überhaupt nicht. Niemand liest die differenzierten, um Ausgewogenheit bemühten Studien, und wenn sie gelesen werden, so bleiben sie politisch und gesellschaftlich folgenlos. Sie werden einfach mit einem Schulterzucken abgetan. Es gibt eine kurze Meldung in den Nachrichten, dann geht man zur Tagesordnung über: *business as usual*. Und selbstverständlich habe ich selbst eine ganze

Reihe an solchen differenzierten Darstellungen gelesen. Ohne sie hätte ich das vorliegende Buch gar nicht schreiben können, ja mehr noch, dieses Buch ist geradezu die Konsequenz der differenzierten Darstellungen und der Reaktionen darauf. So wie dem Artikel ein Mangel an Differenzierung vorgeworfen wurde, so wird, wie leicht abzusehen ist, auch dem Buch ein Mangel an Differenzierung vorgeworfen und der Ton kritisiert werden. Man solle doch besser differenzieren und nicht polarisieren – das gehört ja offenbar zusammen –, damit aus etwas Unverdaulichem etwas Verdauliches gemacht wird, damit das Unverdauliche der Situation in leicht verdaulichen Sprachhäppchen verabreicht werden kann: Es ist doch alles nicht so schlimm, und nichts wird so heiß gegessen, wie es gekocht wird. Dabei verurteilt man mich für eine Polarisierung, die der Westen mit seiner eigenen Art des Redens vom Osten doch seit Jahrzehnten selbst betreibt. Warum soll ich das ruhig, gelassen und entspannt hinnehmen? Auge um Auge. Außerdem warte ich noch darauf, dass der Westen im Reden über den Osten so feinsinnig zu unterscheiden lernt, wie er einen guten von einem sehr guten Wein zu unterscheiden weiß. Ich warte folglich darauf, dass der Westen »in produktiver Mischung aus Verunsicherung und Selbstversicherung«, wie es bei Bogdal heißt, endlich selbst beginnt, differenziert zu sprechen: über den Osten, über den Westen und über Deutschland insgesamt.

Alles ist genau umgekehrt: »Aggressiv« ist weniger meine Sprache, aggressiv sind die Zustände, die sie beschreibt, nämlich das steile Macht-, Herrschafts-, Besitz-, Lohn-, Renten-, Erbschafts- und Diskursgefälle, das seit über 30 Jahren zwischen Westen und Osten herrscht und sich immer weiter verfestigt.* Aggressiv ist die Wirklichkeit, wie sie sich in Daten, Zahlen und Fakten und nun auch in Worten niederschlägt. Der Osten bleibt, man kann es gar nicht oft genug sagen, von der gesellschaftlichen Teilhabe weithin ausgeschlossen, und zwar sogar massiv in seinen »Chancenteilhabechancen«, wie der Soziologe Stephan Lessenich das nennt.[143] Das ist jedoch etwas kategorial Anderes als die sozialen Ungleichheiten, die es überall auf der Welt gibt, ob nun in Gelsenkirchen oder Detroit. Die Forderung, man solle doch subtil unterscheiden, vorsichtig und zurückhaltend formulieren, die Dinge von allen Seiten betrachten und Verständnis aufbringen, bedeutet nichts anderes, als dass man dieses Macht-, Herrschafts-, Besitz- und Diskursgefälle einsehen, sich daran gewöhnen und sich damit abfinden soll. Auf diese Weise wird die Ungleichheit *naturalisiert*.

Zweifellos gibt es im Alltag zwischen West und Ost Freundschaften, Partnerschaften, Kooperationen, Vermischung auf allen denkbaren Ebenen. Das wird als unmittelbare Realität gelebt. Etwas anderes wäre nach über 30 Jahren auch verrückt. Und dennoch geht der Verweis darauf am Problem vorbei, weil damit die

* So ist zum Beispiel während der Corona-Pandemie die Lohnschere zwischen West und Ost noch weiter aufgegangen.

scharf ungleich verteilten Konstitutionsbedingungen dieser Realität verdeckt werden. Differenzierung heißt da nur, den Wald vor lauter Bäumen nicht zu sehen und den Status quo für die »natürliche Ordnung der Dinge« zu halten. Hier gesellt sich eben keineswegs gleich und gleich, weil den einen fast alles gehört, den anderen fast nichts, die einen das Sagen haben, die anderen nicht, die einen für die gleiche Arbeit sehr viel mehr Geld bekommen als die anderen und auch ein Vielfaches erben, was die Ungleichheiten verstärkt. Daran soll nicht erinnert werden dürfen?

Der Westen versucht zu definieren, was zu sagen ist. Und wenn das nicht funktioniert, weil es keine Argumente beispielsweise gegen nackte Fakten und Zahlen gibt, versucht er wenigstens zu bestimmen, wie etwas zu sagen ist. Deshalb wiederhole ich: Die Wirklichkeit ist das Skandalon, nicht mein Ton. Deshalb auch beharre ich auf dem Modus der Zuspitzung, damit man überhaupt etwas in den Blick bekommt, damit man sich daran erinnert, dass das Gewohnte nicht das Erträgliche ist, das Bekannte nicht schon erkannt. So gehört der Ton als Tonstörung und neue Musik unbedingt zur Sache dazu. Sonst verkennt man das Ausmaß der ganzen Problemlage und begreift nicht, dass eine repräsentative Demokratie, in der fünf Bundesländer sich einerseits nicht adäquat repräsentiert und mitwirkend beteiligt finden und sich andererseits zugleich ihrer angemessenen Teilhabe am gesamtgesellschaftlichen Reichtum beraubt sehen, ins Rutschen zu geraten droht.

Das öffentliche Sprechen des Ostens, sofern es vorkommt, wird vom Westen fast stets als Abweichung von der »Norm« wahrgenommen: »komisch« im Habitus und in der dialektalen Einfärbung, »selbstmitleidig« in der Artikulation als »Jammern« und »ohne Manieren« da, wo ein schärferer Ton angeschlagen wird. Es ist dabei keineswegs so, dass der Osten nicht öffentlich spricht oder sprechen dürfte, es ist nur so, dass dieses Sprechen durch den Westen latent und manifest abgewertet wird. Der Osten aber muss sich die Öffentlichkeit schaffen, die er bisher nicht hatte, weder vor 1989 noch danach, und es muss vor allem selbstverständlich werden, dass er gleichberechtigt spricht. Im Kampf um gesellschaftliche Anerkennung, so der Sozialphilosoph Axel Honneth, ist es »Aufgabe und Angelegenheit der Betroffenen selbst, an der expressiven und sprachlichen Kultur ihrer sozialen Gemeinschaft so lange zu arbeiten, bis sich die eigenen Erfahrungen in ihr halbwegs adäquat artikulieren lassen«.[144] Hier gibt es für den Osten noch viel zu tun. Wenn der Westen mit sich selbst und über den Osten redet, hört der Osten zu, wenn dagegen der Osten redet, egal worüber, hört der Westen weg, denn das schert ihn nicht. Deshalb muss der Osten endlich Wege finden, einen gemeinsamen Raum öffentlichen Sprechens und Verhandelns zu konstituieren, in dem sich Westen und Osten auf Augenhöhe begegnen können. Unabhängig davon wäre es außerdem höchste Zeit, dass der Osten auch mal mit sich selbst redet, schon um zu verhindern, dass der Westen ihm sagt, wer er sei, nämlich nichts weiter als »Osten«, und ihm obendrein noch seine Geschichte erzählt.

Das Sprechen ist das eine, das Gehört-Werden das andere, also die Durchsetzung der gesellschaftlichen Teilnahmeansprüche. Warum das (bisherige) Sprechen des Ostens vermeintlich komisch, ungewohnt und abweichend erscheint und deshalb vom Westen nicht *vernommen* worden ist, lässt sich nicht mit Honneth erklären, sehr wohl aber mit Rancières Theorie des »Unvernehmens«. Dieser Theorie zufolge hat alles Politische auch eine sinnliche Dimension, das heißt eine *ästhetische* Seite. Indem man das ungewohnt Ästhetische am Sprechen des Ostens hervorhebt und als »Jammern« abtut, markiert man es als Ausdruck fehlender politischer Rationalität, das heißt als bloßen »Lärm«, weil die »Sprache der Befehle« die »Sprache der Probleme« nicht integrieren kann.[145] Rancière hat dieses Phänomen am Beispiel der Arbeiterbewegungen des 19. Jahrhundert beschrieben, doch ihm zufolge lässt es sich in allen Anfangsphasen sozialer Bewegungen beobachten.

Der Vorwurf des »Jammerns« bildet nun die genaue Entsprechung zum Vorwurf des »Lärms« im politisch-sozialen Raum.[146] Da geht es noch gar nicht um Inhalte, sondern um die schlichte Tatsache des Sprechens selbst. »Jammern« und »Lärm« sind hier letztlich Synonyme beziehungsweise gleichgerichtete Beschreibungsmodi für die »Sprache der Probleme«, mithin für jene gesellschaftlichen Artikulationen, die in westdeutschen Ohren ungewohnt sind, die man nicht wahrhaben will, die in Ton und Verfahren als zunächst nur undifferenzierte Störgeräusche durch die »Anteillosen« (Rancière) erscheinen, womöglich als Beschwerden über die vielfältigen Formen des Unrechts und der gesellschaftlichen Benachteiligung. Die weithin sprachlosen Anteillosen müssen nicht nur damit zurechtkommen, dass sie anteillos sind und bleiben, sondern auch damit, dass ihre ohnehin seltenen Momente des Sichäußerns kritisiert und ins Lächerliche gezogen werden. Immer wird dabei das *ästhetisch Ungewohnte* als zugleich *politisch Irrationales* und außerdem *moralisch Defizitäres* angegriffen. Darum soll auch der Osten endlich *Ruhe* geben und bloß keinen *Lärm* verursachen. Dabei fängt es gerade erst richtig an.

Wenn wir aus der Teilung des Landes nicht herausfinden, wird auch das Vertrauen in die Demokratie weiter schwinden und die Gesamtgesellschaft einen Schaden nehmen, der sie längerfristig an den Rand ihres Zusammenhalts führen dürfte. Das Versprechen der gleichen Lebensverhältnisse muss man als das begreifen, was es ist: eine schöne Illusion. Aber man könnte, den politischen Willen vorausgesetzt, damit anfangen, halbwegs *gleiche Lebenschancen und Chancenteilhabechancen für alle* herzustellen, in Ost und West, für Ost und West. Dazu gehören insbesondere gleiche Löhne für gleiche Arbeit und nicht zuletzt gleiche Renten, von adäquaten Erbschafts- und Vermögenssteuern ganz zu schweigen. Das ist schlicht eine Frage sozialer Gerechtigkeit in einer demokratischen Ordnung. Man könnte auch endlich politische Beschlüsse so umsetzen, wie sie ursprünglich gefasst worden sind, beispielsweise dass laut einer Entscheidung der Föderalismuskommission von Bundestag und Bundesrat aus dem Jahr 1992 Bundesbehörden und Forschungseinrichtungen vorrangig im Osten angesiedelt werden müssen. Das ist nie passiert, ganz im Gegenteil.[147] Man könnte außerdem im öffentlichen Diskurs ohne Probleme *sofort* aufhören, den Schwarzen Peter immer in den Osten zu schieben und den Osten stets zum Ursprung allen Übels zu erklären. Man könnte überhaupt aufhören, das unfreie und idiotisch binäre West-Ost-Schema zu bedienen, das ich hier zwangsweise selbst noch einmal vorgeführt habe, und stattdessen das ganze Land im historisch gewachsenen Reichtum seiner unterschiedlichen Regionen, Dialekte, Mentalitäten und Kulturlandschaften sehen und zugleich als eigentliches Zukunftspotenzial ernst zu nehmen beginnen. Damit wäre schon viel gewonnen.

Literatur

Améry, Jean: *Jenseits von Schuld und Sühne. Bewältigungsversuche eines Überwältigten.* Stuttgart [11]2019

Assmann, Jan: *Das kulturelle Gedächtnis. Schrift, Erinnerung und politische Identität in frühen Hochkulturen.* München [8]2018

Baring, Arnulf: *Deutschland, was nun?* München 1991

Baron, Christian: *Ein Mann seiner Klasse.* Berlin [3]2020

Beaucamp, Eduard: *Jenseits der Avantgarden. Texte und Gespräche zur zeitgenössischen Kunst.* Hg. v. Michael Knoche. Göttingen 2022

Becker, Jurek: *Warnung vor dem Schriftsteller. Drei Vorlesungen in Frankfurt.* Frankfurt/M. [2]1991

Bluhm, Michael / Olaf Jacobs: *Wer beherrscht den Osten? Ostdeutsche Eliten ein Vierteljahrhundert nach der deutschen Wiedervereinigung.* Leipzig 2016

Bourdieu, Pierre: *Ein soziologischer Selbstversuch.* Frankfurt/M. [7]2019

Bourdieu, Pierre: *Das Elend der Welt. Gekürzte Studienausgabe.* Konstanz [2]2010

Bredekamp, Horst: *Der Künstler als Verbrecher. Ein Element der frühmodernen Rechts- und Staatstheorie.* München 2008

Büscher, Wolfgang: *Berlin – Moskau. Eine Reise zu Fuß.* Hamburg [2]2004

Eribon, Didier: *Rückkehr nach Reims.* Berlin [2]2016

Eribon, Didier: *Gesellschaft als Urteil.* Berlin 2017

Ernaux, Annie: *Die Jahre.* Berlin [7]2019

Ernaux, Annie: *Der Platz.* Berlin 2019

Foucault, Michel: *Die Ordnung des Diskurses.* Frankfurt/M. 1991

Freytag, Gustav: *Soll und Haben.* Waltrop / Leipzig 2002

Freud, Sigmund: *Das Unbehagen in der Kultur und andere kulturtheoretische Schriften.* Hg. v. Alfred Lorenzer und Bernard Görlich. Frankfurt/M. [9]2004

Fulda, Daniel (Hg.): *Revolution trifft Aufklärungsforschung. 1989/90, DDR-Erbe und die Gründung des hallischen Aufklärungszentrums*. Halle 2021.

Geipel, Ines: *Umkämpfte Zone. Mein Bruder, der Osten und der Hass*. Stuttgart 2019

Goodhart, David: *The Road to Somewhere. The Populist Revolt and the Future of Politics*. London 2017

Gross, Raphael: *Anständig geblieben. Nationalsozialistische Moral*. Frankfurt/M. 2012

Grünbein, Durs: *Die Jahre im Zoo. Ein Kaleidoskop*. Berlin ^{2}2015

Habermas, Jürgen: *30 Jahre danach. Die zweite Chance*. In: Blätter für deutsche und internationale Politik 9/2020, S. 41–56

Hametner, Michael: *Deutsche Wechseljahre. Nachdenken über Literatur und Bildende Kunst*. Halle 2021

Han, Byung-Chul: *Vom Verschwinden der Rituale. Eine Topologie der Gegenwart*. Berlin ^{4}2019

Hein, Christoph: *Gegen-Lauschangriff. Anekdoten aus dem letzten deutsch-deutschen Kriege*. Berlin 2019

Hein, Christoph / Elmar Faber: *Ich habe einen Anschlag auf Sie vor. Der Briefwechsel*. Hg. v. Michael Faber. Leipzig 2019

Hillebrand, Ernst / Justyna Schulz (Hg.): *Zwischen Freundschaft und Frust – Deutschland und Polen 30 Jahre nach dem Nachbarschaftsvertrag*. Warschau 2021

Honneth, Axel / Jacques Rancière: *Anerkennung oder Unvernehmen? Eine Debatte*. Hg. v. Katia Genel und Jean-Philippe Deranty. Frankfurt/M. 2021

Jacobs, Olaf u. a.: *Der lange Weg nach oben. Wie es Ostdeutsche in die Eliten schaffen. Repräsentation und Karrierewege. Entwicklungen nach drei Jahrzehnten deutscher Einheit*. Leipzig 2022

Kertész, Imre: *Die exilierte Sprache. Essays und Reden*. Frankfurt/M. 2003

Kowalczuk, Ilko-Sascha: *Die Übernahme. Wie Ostdeutschland Teil der Bundesrepublik wurde*. München ^{4}2019

Kraske, Michael: *Der Riss. Wie die Radikalisierung im Osten unser Zusammenleben zerstört*. Berlin 2020

Krastev, Ivan / Stephen Holmes: *Das Licht, das erlosch. Eine Abrechnung*. Berlin [4]2019

Leo, Per: *Tränen ohne Trauer. Nach der Erinnerungskultur*. Stuttgart 2021

Lessenich, Stephan: *Neben uns die Sintflut. Wie wir auf Kosten anderer leben*. Berlin 2018

Lessenich, Stephan: *Grenzen der Demokratie. Teilhabe als Verteilungsproblem*. Stuttgart [3]2020

Lettau, Reinhard: *Zur Frage der Himmelsrichtungen*. München / Wien 1988

Louis, Éduard: *Das Ende von Eddy*. Frankfurt/M. [7]2019

Lübbe, Hermann: *Im Zug der Zeit. Verkürzter Aufenthalt in der Gegenwart*. Berlin / Heidelberg [3]2004

Matthäus, Sandra / Daniel Kubiak (Hg.): *Der Osten. Neue sozialwissenschaftliche Perspektiven auf einen komplexen Gegenstand jenseits von Verurteilung und Verklärung*. Wiesbaden 2016

Mau, Steffen: *Lütten Klein. Leben in der ostdeutschen Transformationsgesellschaft*. Berlin 2019

Moreno, Juan: *Tausend Zeilen Lüge. Das System Relotius und der deutsche Journalismus*. Berlin [2]2019

Negt, Oskar: *Überlebensglück. Eine autobiographische Spurensuche*. Göttingen 2016

Neumann, Gerhard: *Selbstversuch*. Freiburg / Berlin / Wien 2018

Pabst, Stephan: *Post-Ost-Moderne. Poetik nach der DDR*. Göttingen 2016

Patel, Kiran Klaus / Ingo Schulze: *Doppelt verbunden, halb vereint. Der Beitritt der DDR zur BRD und zur Europäischen Gemeinschaft*. Hamburg 2022

Petersdorff, Dirk von: *Gewittergäste. Novelle*. München 2022

Rancière, Jacques: *Das Unvernehmen. Politik und Philosophie*. Frankfurt/M. [8]2022

Rauterberg, Hanno: *Wie frei ist die Kunst? Der neue Kulturkampf und die Krise des Liberalismus*. Berlin [4]2019

Reckwitz, Andreas: *Die Gesellschaft der Singularitäten. Zum Strukturwandel der Moderne.* Berlin ^{2}2017

Rosenlöcher, Thomas: *Ostgezeter. Beiträge zur Schimpfkultur.* Frankfurt/M. ^{12}2022

Schulze, Ingo: *Dresden wieder sehen.* Göttingen ^{2}2021

Schulze, Ingo: *Der Amerikaner, der den Kolumbus zuerst entdeckte ... Essays.* Frankfurt/M. 2022

Stanišić, Saša: *Herkunft*. München ^{3}2019

Stockinger, Ludwig: *Germanistische Literaturwissenschaft nach der deutschen Einheit. Ein Leipziger Erfahrungsbericht*. Berlin 2019

Strauss, Botho: *Herkunft*. München 2014

Ullrich, Wolfgang: *Feinbild werden. Ein Bericht. Der neue Ost-West-Konflikt.* Berlin 2020

Vance, J. D.: *Hillbilly Elegy. A Memoir of a Family and Culture in Crisis.* London 2016

Winkler, Heinrich August: *Wie wir wurden, was wir sind. Eine kurze Geschichte der Deutschen.* München ^{3}2021

Anmerkungen

1 Goodhart nennt das den »liberalism of the rich«: »But modern liberalism, far from being such a content-less technique from reconciling different points of view, ends up imposing the worldview of the mobile, graduate, upper professional elite – the Anywheres – on the rest of society.« Goodhart: The Road to Somewhere, S. 62 und S. 12.

2 Bourdieu: Ein soziologischer Selbstversuch, S. 94.

3 Vgl. Bourdieu: Ein soziologischer Selbstversuch (2002), Eribon: Rückkehr nach Reims (2009), Negt: Überlebensglück (2016), Mau: Lütten-Klein (2019).

4 Ernaux: Der Platz (1983) und Die Jahre (2008), Louis: Das Ende von Eddy (2014), J. D. Vance: Hillbilly Elegy (2016), Neumann: Selbstversuch (2018) sowie Baron: Ein Mann seiner Klasse (2020).

5 Christoph Hein: Gegen-Lauschangriff. Anekdoten aus dem letzten deutsch-deutschen Kriege. Berlin 2019.

6 Baring: Deutschland, was nun?, S. 59. Vgl. dazu auch Kowalczuk: Die Übernahme, S. 95–101.

7 Baring: Deutschland, was nun?, S. 59.

8 Ebd., S. 70.

9 Ebd., S. 76.

10 Ebd., S. 57.

11 Laschet im Oktober 2016 in der Sendung »Hart aber Fair«.

12 Vgl. hierzu die jüngst von der Otto-Brenner-Stiftung veröffentlichte Studie von Lutz Mükke: 30 Jahre staatliche Einheit – 30 Jahre mediale Spaltung. Schreiben die Medien die Teilung Deutschlands fest? Frankfurt/M. 2021 (OBS-Arbeitspapier 45).

13 Erste leise Anfänge dazu sind zu beobachten. Vgl. Kursbuch 211 (09/2022): Der Westen. Hg. v. Armin Nassehi u. a. Hamburg 2022.

14 Vgl. den Brief Arendts an Gershom Scholem vom 20. Juli 1963. Scholem hatte Arendt mangelnde Liebe zum Volke Israels vorgeworfen. Ihre Antwort lautete: »Sie haben vollkommen recht, dass ich eine solche ›Liebe‹ nicht habe, und dies aus zwei Gründen: Erstens habe ich nie in meinem Leben irgendein Volk oder

Kollektiv ›geliebt‹, weder das deutsche, noch das französische, noch das amerikanische, noch etwa die Arbeiterklasse oder sonst was in dieser Preislage. Ich liebe in der Tat nur meine Freunde und bin zu aller anderen Liebe völlig unfähig.« Hannah Arendt / Gershom Scholem. Der Briefwechsel. Hg. v. Marie Luise Knott. Berlin 2010, S. 439.

15 An der großen Philosophischen Fakultät der Universität Jena war Gottfried Willems, der als Professor in Mainz gelehrt hatte, bevor er 1992 den Lehrstuhl für Neuere deutsche Literatur in Jena übernahm, der *einzige* Professor in den 1990er Jahren, der einem Ostdeutschen, nämlich mir, eine Assistenz anbot und damit die Möglichkeit zur Habilitation eröffnete. Das war seinerzeit und auf Jahre hinaus ein wissenschaftspolitisch singulärer Akt.

16 Die Vorträge der Veranstaltung sind dokumentiert in Daniel Fulda (Hg.): Revolution trifft Aufklärungsforschung. Halle 2021.

17 Vgl. die genannte Studie der Otto-Brenner-Stiftung vom März 2021.

18 Klaus Wolfram: Rede in der Akademie der Künste vom 8. November 2019. Abgedruckt in der *Berliner Zeitung* vom 6. April 2020.

19 Vgl. Steffen Mau: Ost und West heute. Spannungen und Brüche im Prozess der Deutschen Einheit. Vortrag an der Universität Konstanz: In_Equality Conference 2022, 06. April 2022. Abrufbar über Deutschlandfunk:https://pdcasts.google.com/feed/aHR0cHM6Ly93d3cuZGV1dHjaGxhbmRmdW5rbm92YS5-kZS9wb2RjYXN0L2hvZXJzYWFsLWRlci1wb2RjYXN0/episode/RFJhZGlvLVdpc3Nlbi0wNzViNzk3NQ?ep=14.

20 Zugleich ist das Hütchen natürlich auch eine direkte Anspielung auf eine in den asozialen Medien »berühmte« Reporterszene, die als »Meme« Karriere gemacht hat. In der wird ein stark sächsisch sprechender Teilnehmer einer AfD-Kundgebung gegenüber den Medien ausfällig und stellt sich im Nachhinein als LKA-Mitarbeiter (!!) im Urlaub heraus, sozusagen als Zeichen der tiefen Verstrickung ostdeutscher Behörden mit dem braunen Gedankengut, und zugleich im Aussehen, Gestus, Sprechduktus etc. das Bild des »hässlichen rechten Ostdeutschen« entscheidend prägend. Vgl.den ZDF-Bericht unter https://www.youtube.com/watch?v=7n9i-y5DwTm8.

21 Vgl. https://shop.titanic-magazin.de/titanic-heft-november-2022-papier.html.

22 Vgl. https://www.youtube.com/watch?v=W_m_NgveVnI.

23 Dem bebilderten Plakat lag das folgende Bild zugrunde: Dr. Bernd Gross (https://commons.wikimedia.org/wiki/File:Wölfe-Kunstaktion_gegen_Hetze_und_Gewalt_in_Chemnitz_2018_(10).JPG), »Wölfe-Kunstaktion gegen Hetze und Gewalt in Chemnitz 2018 (10)«; es handelt sich um eine CC-BY-SA Lizenz.

24 Sandra Kerschbaumer: Die Bilder der Anderen. In: *FAZ* 9.2.2022.

25 Vgl. das *FAZ*-Interview mit Raphael Gross unter dem Titel »Mord und Moderne«. In: *FAZ*, 13. Juni 2021, S. 45.

26 Mau: Lütten Klein, S. 13.

27 Schulze: Der Amerikaner, der den Kolumbus zuerst entdeckte ..., S. 300.

28 Leo: Tränen ohne Trauer, S. 88.

29 Christoph Hein: Erinnerungen an einen Husaren. Grabrede für Elmar Faber. In: Hein / Faber: Der Briefwechsel, S. 139–149, hier S. 146. Vgl. dazu auch den »Generalplan Ost – Rechtliche, wirtschaftliche und räumliche Grundlagen des Ostaufbaues«, der in unterschiedlichen Fassungen 1941 und 1942 zirkulierte. Manchmal variieren die Begriffe, aber die kolonisatorische Ost-Semantik ist identisch.

30 Lübbe: Im Zug der Zeit, S. 57.

31 Hillebrand: Dialog der Taubstummen? Die deutsch-polnischen Beziehungen heute. In: Hillebrand / Schulz (Hg.): Zwischen Freundschaft und Frust, S. 11–23, hier S. 15. Schon 1966 heißt es bei Jean Améry: »Ich war Zeuge, wie die deutschen Politiker, von denen sich, wenn ich recht unterrichtet war, nur wenige im Widerstandskampf ausgezeichnet hatten, eiligst und enthusiastisch den Anschluß an Europa suchten: Sie knüpften mühelos das neue an jenes andere Europa, dessen Neuordnung Hitler in seinem Sinne bereits zwischen 1940 und 1944 erfolgreich begonnen hatte.« Améry: Jenseits von Schuld und Sühne, S. 121.

32 So Joas in einem Interview in der *FAZ* vom 6. Oktober 2012.

33 Zitiert nach Patel / Schulze: Doppelt verbunden, halb vereint, S. 10.

34 Vgl. ARD: Tagesthemen (09. 03. 2018): https://www.ardmediathek.de/daserste/video/tagesthemen/tagesthemen/das-erste/

Y3JpZDovL2Rhc2Vyc3RlLmRlL3RhZ2VzdGhlbWVuL2ZmZTkzOTc3LWMxMDktNDU2OS1iN2IwLTRkMmFlOTZkYz-kxMA/.

35 Walter Erhart: Academic Ghosts. The Afterlife of East German Intellectuals. In: 25 Years Berlin Republic. Reflections on / of German Unification (1990–2015). Hg. v. Todd Herzog, Tanja Nusser und Anna Senuysal. Paderborn 2019, S. 95–109, hier S. 96.

36 Zu diesen Ungleichheitskriterien vgl. Lessenich: Grenzen der Demokratie, S. 65 f. Im Anschluss an Studien von Raymond Murphy geht Lessenich davon aus, dass letztlich Herkunft / Geburtsort / *place* die anderen Kriterien dominiert.

37 Vgl. in dem Zusammenhang auch die Podiumsdiskussion vom 17. Februar 2021 zum fast vollständigen Ausschluss Ostdeutscher aus der deutschen Geschichtswissenschaft *seit 1990*; Veranstaltung der Gerda-Henkel-Stiftung unter Beteiligung von Jürgen Kocka, Martin Sabrow, Stefan Wolle, Krijn Thijs u. a.: https://lisa.gerda-henkel-stiftung.de/125jahrevhd_ddr1990.

38 Auch mein unmittelbarer Vorgänger auf der Professur, die ich seit 2011 innehabe, sah und sieht das bis heute nicht anders. Zum Glück hat er das aufgeschrieben. Was für eine ertragreiche Quelle. Als er 1994 aus dem Westen nach Leipzig kam, verstand er sich explizit als »eine Art Besatzungsoffizier […] von der Abteilung ›Reeducation‹«. Und weiter heißt es in unverbrämt kolonialer Manier: »[…] andererseits konnte ich nicht darauf verzichten, als Wissenschaftler, als Hochschullehrer und als in der universitären Selbstverwaltung Engagierter ein Programm zu verwirklichen, das letztlich getragen war von der Auffassung, dass in der DDR so ziemlich alles falsch gemacht worden war, und zwar – ungeachtet vieler ›Errungenschaften‹ in einzelnen Bereichen – im Grundsätzlichen. So habe auch ich, obwohl ich nicht überheblich sein wollte, doch zu dem Gefühl beigetragen, das heute, fast dreißig Jahre nach der ›Wende‹, im Osten wieder verstärkt artikuliert wird: das Gefühl, vom ›Westen‹ entmündigt worden zu sein. Das war aber – so sehe ich das auch heute noch – nicht zu vermeiden.« – Kein Zweifel, hier hat jemand, der seit knapp 30 Jahren im »Osten« lebt, nichts gelernt und nichts verstanden. Stattdessen verhält er sich konstant unbelehrbar belehrend. Diese und weitere schöne Zitate finden sich in Ludwig Stockinger: Germanistische Literaturwissenschaft nach der deutschen Einheit, S. 20 und 21.

39 Vgl. zum Folgenden Oschmann: Jenaer Nachlese. In: Fulda (Hg.): Revolution trifft Aufklärungsforschung, S. 172–183, hier S. 180 f.

40 Für die Rostocker Germanistik hat Heinz-Jürgen Staszak diesen Prozess sehr instruktiv beschrieben. Vgl. Staszak: Evaluation und Transformation in der DDR-Germanistik. Ein Erfahrungsbericht. In: Jan Cölln / Franz-Josef Holznagel (Hg.): Positionen der Germanistik in der DDR. Personen – Forschungsfelder – Organisationsformen. Berlin / Boston 2013, S. 29–43. Wichtig ist dabei der Hinweis, dass die Gnadenlosigkeit des Elitenaustauschs Anfang der Neunzigerjahre mit der Tatsache zusammenhängt, dass man in der Bundesrepublik einen solchen Wechsel nach 1945 versäumt hat: »Man könnte fast meinen, die Bundesrepublik habe mit dem Elitenwechsel bei der Übernahme der DDR die eigene Vergangenheit bei der Bewältigung der nazistischen Vergangenheit und der Restauration der Demokratie gleichsam am anderen Ort stellvertretend bewältigen wollen.« Vgl. ebd., S. 31.

41 Aber es spielen bei diesem West-Ost-Gefälle natürlich noch andere Faktoren eine Rolle, beispielsweise dass die Elterngeneration im »Osten« über wesentlich weniger oder gar kein Vermögen verfügt, um die studierenden Kinder das Risiko einer akademischen Karriere eingehen zu lassen.

42 Bourdieu: Ein soziologischer Selbstversuch, S. 30.

43 Vgl. Olaf Jacobs u. a.: Der lange Weg nach oben. Wie es Ostdeutsche in die Eliten schaffen. Repräsentation und Karrierewege. Entwicklungen nach drei Jahrzehnten deutscher Einheit. Leipzig 2022, S. 4.

44 Vgl. https://www.springerprofessional.de/personalmanagement/transformation/der-wessi-ist-immer-der-chef/17223048

45 Mau: Lütten Klein, S. 163.

46 Bourdieu: Das Elend der Welt, S. 285.

47 Vgl. Mau: Lütten Klein, S. 166 ff. Vgl. in dem Zusammenhang auch den DLF-Podcast mit Greta Taubert vom 4. Oktober 2020, Reihe »Essay und Diskurs«: Auf der Suche nach dem ostdeutschen Mann (der Jahrgänge 1975–1990).

48 Vgl. dazu auch das Kapitel »Ausgebremste Demokratisierung« in Mau: Lütten Klein, S. 122–125.

49 Vgl. Horst Bredekamp: Warum der identitäre Wahn unsere größte Bedrohung ist. In: *FAZ*, 8. März 2021.

50 »Der Marshallplan war ein Wiederaufbaugeschenk an die deut-

sche Nachkriegsgesellschaft des Westens – wenngleich diese Wiedergutmachung zweifellos auch dazu diente, Westdeutschland als Bollwerk gegen den Kommunismus in die Fronten des Kalten Krieges einzubinden.« Negt: Überlebensglück, S. 11.

51 Vgl. zu den Relationen die Angaben bei Wikipedia: Der Osten hat im Unterschied zum Westen *das 130-fache pro Person* bezahlt.

52 Winkler: Wie wir wurden, S. 130.

53 Honneth/Rancière: Anerkennung oder Unvernehmen?, S. 154.

54 Das Begriffspaar stammt bekanntlich von Reinhart Koselleck.

55 Vgl. Assmann: Das kulturelle Gedächtnis, S. 11, 51 und 217 f.

56 Vgl. Rancière in Honneth/Rancière: Anerkennung oder Unvernehmen?, S. 67: »Der Kampf um Anerkennung kann bekanntlich einfach als Forderung eines bereits gebildeten Subjekts nach Anerkennung seiner Identität verstanden werden [...]. Ansprüche von Minderheitengruppen werden zum Beispiel als Ansprüche auf die Respektierung ihrer Identität aufgefasst. Doch wir können sie auch – und meines Erachtens besteht darin der Kern der Dialektik der Anerkennung – als Ansprüche darauf auffassen, dass ihnen diese Identität *nicht zugeschrieben wird*. Eine Minderheit kann nicht bloß darauf Anspruch erheben, dass ihre eigene Kultur und ähnliche Dinge endlich anerkannt werden, sondern auch darauf, eben gerade nicht als Minderheit betrachtet zu werden, die spezifischen Regeln gehorcht und eine besondere Kultur besitzt. Dabei kann es sich um einen Anspruch darauf handeln, über dieselben Rechte zu verfügen und dieselbe Art von Achtung und Wertschätzung zu genießen wie jeder beliebige andere, das heißt wie alle, denen keinerlei spezifische Identität zugeschrieben wird.« (Hervorhebung von Rancière).

57 Zu diesen und ähnlichen Zahlen vgl. das Kapitel »Männerüberschuss« in Mau: Lütten Klein, S. 194–199, hier S. 197.

58 Vgl. hierzu auch Raphael Gross: Anständig geblieben. Nationalsozialistische Moral. Frankfurt/M. 2012.

59 Freytag: Soll und Haben, S. 325.

60 Ebd., S. 638.

61 Baring: Deutschland, was nun?, S. 63.

62 Freytag: Soll und Haben, S. 332; vgl. zu diesem Gesamtzusammenhang auch Wilhelm Heinrich Riehl: Die deutsche Arbeit (1861).

63 Vgl. Himmlers Broschüre Der Untermensch (1942).

64 Büscher: Berlin – Moskau, S. 61 f.

65 Die Zahlen variieren etwas in Abhängigkeit von den Teilbereichen. Mal liegen sie etwas über 2 %, mal liegen sie etwas darunter; im Militär z. B. bei 0,0 %. Der Wert von 1,7 % entstammt der Studie von Bluhm und Jacobs: Wer beherrscht den Osten?, S. 30. Die dort für 2016 angegebenen Werte sind bis heute, also 2022, entweder stabil geblieben oder sogar gesunken. Vgl. Jacobs u. a.: Der lange Weg nach oben.

66 Vgl. hierzu auch Kowalczuk: Die Übernahme, S. 183–185: »Eliten rekrutieren sich aus sich selbst heraus. Ihre Homogenität zu durchbrechen, in sie einzubrechen, erwies sich bis heute als unmöglich. Es liegt hier kein individuelles Versagen vor. Die Karrierekultur, ganz einfach: die Herkunft verhinderte das. Natürlich nicht, weil jemand sagte, Ostdeutsche werden ausgegrenzt. Nein, Ostdeutsche sind in den Räumen, in denen sich Eliten in Privatschulen, in Wirtschafts- und Unternehmerverbänden, in Karnevalsvereinen, in Clubs der Einkommensstarken usw. rekrutieren, woher sie sich eben kennen, einfach nicht vertreten. In der Wissenschaft sind sie nicht Teil der Netzwerke westdeutscher Professoren. […] Ostler dürfen keine Flaschen sein, um aufsteigen zu können. Sie sollen nicht nur gleich gut, sie müssen besser sein. Die Eliteproblematik ist fatal, weil, runtergebrochen, dadurch Westler Ostdeutschen unentwegt nicht nur erklären, wie es zu laufen hat, sie erklären ihnen auch ihre eigene Geschichte.«

67 Leo: Tränen ohne Trauer, S. 160.

68 So Wolfram in seiner Akademie-Rede vom 8. November 2019.

69 Lessenich: Grenzen der Demokratie, S. 15.

70 Ich übernehme hier wieder einen starken Begriff von Rancière, den er zur Beschreibung der westlichen Demokratien nach 1989 geprägt hat. Er definiert »Post-Demokratie« wie folgt: »Dieser Ausdruck wird einfach dazu dienen, das Paradox zu bezeichnen, das unter dem Namen der Demokratie die konsensuelle Praxis der Auslöschung der Formen demokratischen Handelns geltend macht.« Rancière: Das Unvernehmen, S. 111.

71 Schulze: Der Amerikaner, der den Kolumbus zuerst entdeckte …, S. 297.

72 Ramón Grosfoguel: The Epistemic Decolonial Turn. In: Cultural Studies 21/2007, Nr. 2–3, S. 211–223, hier S. 214. Den Hinweis auf diesen aufschlussreichen Text verdanke ich Anne Chahine.

73 Meldung in der Tagesschau vom 26. Januar 2022: https://www.

tagesschau.de/inland/innenpolitik/ostdeutsche-bundesregierung-101.html.

74 »Eine gute Institution ist [...] eine, in der die Individuen ihre Interessen realisieren und mit der sie sich identifizieren können. Eine unlebendige [schlechte] Institution bleibt äußerer Zwang. Sie ist gekennzeichnet durch Rigidität, die sich unter anderem darin zeigt, dass Widerständiges und dem institutionellen Ablauf nicht Entsprechendes nicht mehr in den Gesichtskreis der Institution treten kann.« Rahel Jaeggi: Was ist eine (gute) Institution? In: Rainer Forst u. a. (Hg.): Sozialphilosophie und Kritik. Frankfurt/M. 2009, S. 528–544, hier S. 542 f.

75 Weiter heißt es bei Wolfram: »Dieser Bruch bedeutet viel für die Bundesrepublik, er reicht tief und verändert sie zur Kenntlichkeit. Ihr Boden wird weiter nachgeben. Ostdeutschland hat solches Bürgertum nicht. Hier fließen die Wahlerfolge der AfD aus anderen Quellen. Es sind vielleicht fünf Prozent ihrer hiesigen Wählerschaft, die wirklich die Überzeugungen der Parteiführung teilen. Aber die Wunde der öffentlichen Sprachlosigkeit schwärt schon lang, das mag 15 Prozent ergeben. Die aktuellen 25 Prozent sind dagegen ein echtes Lernergebnis der Ostdeutschen aus den schlechten Umgangsformen der Denkzettel-Demokratie.« Wolfram: Rede in der Akademie der Künste vom 8. November 2019.

76 Vgl. dazu Juan Moreno: Tausend Zeilen Lüge. Das System Relotius und der deutsche Journalismus. Berlin ^{2}2019.

77 So Wolfram: Rede in der Akademie der Künste vom 8. November 2019.

78 Vgl. die erwähnte Studie Otto-Brenner-Stiftung und Kraske: Der Riss.

79 Vgl. https://www.spiegel.de/politik/deutschland/wutwinter-proteste-die-buerger-sind-nicht-besorgt-sondern-bescheuert-meinung-a-2e99c3e6-aeea-40df-87cf-c141c96f8550.

80 Schulz: 30 Jahre nach dem Vertrag: Gefangen in Mittelmäßigkeit? Paradoxe, Hindernisse und Perspektiven. In: Hillebrand / Schulz (Hg.): Zwischen Freundschaft und Frust, S. 25–37, hier S. 27. Krastev und Holmes formulieren das noch schärfer: »Wenn die Populisten Mitteleuropas gegen einen vermeintlichen Nachahmungsimperativ als das unerträglichste Merkmal der Hegemonie des Liberalismus nach 1989 wettern, meinen sie ganz offensichtlich etwas weniger Allgegenwärtiges und

politisch Provokanteres. Die hier zur Debatte stehende Form der groß angelegten institutionellen Nachahmung umfasst erstens eine anerkannte moralische Überlegenheit des Nachgeahmten gegenüber seinen Nachahmern, zweitens ein politisches Modell, das behauptet, alle existenzfähigen Alternativen beseitigt zu haben, drittens eine Erwartung, dass die Nachahmung bedingungslos und nicht an lokale Traditionen angepasst sein wird, und viertens den anmaßenden Anspruch der Vertreter der zu imitierenden Länder, den Fortschritt der nachahmenden Länder dauerhaft beobachten, überwachen und bewerten zu dürfen.« Krastev / Holmes: Das Licht, das erlosch, S. 17. Zu Deutschlands scheinheiligem Umgang mit seinen östlichen Nachbarn vgl. auch das Kapitel »East of Erinnerung« in Leo: Tränen ohne Trauer, S. 207–236.

81 Schulz: 30 Jahre nach dem Vertrag, S. 30.

82 Krastev / Holmes: Das Licht, das erlosch, S. 19.

83 In dieser Hinsicht ist nach 1989 alles gleich geblieben. Denn das Phänomen beschreibt Jurek Becker, der 1977 aus der DDR in die BRD wechselte, schon in den Achtzigerjahren: »[W]enn ich über bundesdeutsche Angelegenheiten spreche [...], dann habe ich schnell den Geruch des Eindringlings an mir, der sich in die Geschäfte fremder Leute mischt. [...] Noch heute [1989] spüre ich deutlich, welch ein Verhalten von mir erwartet wird und welch ein Verhalten Befremden auslöst. Wenn ich zum Beispiel Grund sehe, mich über Vorgänge in der DDR aufzuregen, entspreche ich der Erwartung, und bestimmt wird mir ein Mikrophon hingehalten; wenn ich über hiesige Zustände herziehen will, wird es gewöhnlich eingepackt. [...] Wenn ich die Blicke, die mich dann treffen, wenn ich die Unlust, die ich dann verursache, in Worte kleiden müßte, würden die lauten: Rede du gefälligst zu dem Thema, für das wir dich geholt haben. Wenn wir deinen Rat brauchen, wirst du es früh genug erfahren.« Becker: Warnung vor dem Schriftsteller, S. 37 f.

84 Kertész: Die exilierte Sprache, S. 169 f.

85 Vgl. Lars Vogel / Sabrina Zajak: Teilhabe ohne Teilnahme? Wie Ostdeutsche und Menschen mit Migrationshintergrund in der bundesdeutschen Elite vertreten sind. In: DeZIM Research Notes 4/20, Berlin 2020, S. 2–33 sowie Olaf Jacobs u. a.: Der lange Weg nach oben. Wie es Ostdeutsche in die Eliten schaffen. Repräsentation und Karrierewege. Entwicklungen nach drei Jahrzehnten deutscher Einheit. Leipzig 2022.

86 Zu den konkreten Zahlen vgl. Jacobs: Der lange Weg nach oben, S. 2–4.

87 Vgl. *Handelsblatt* vom 21. 11. 2021: https://www.handelsblatt.com/politik/deutschland/arbeitsmarkt-lohnunterschied-zwischen-ost-und-west-sind-in-textilfirmen-am-groessten/27819734.html. Zuletzt aufgerufen am 1. Dezember 2022.

88 Meldung im *SPIEGEL* vom 10. November 2022. Vgl. https://www.spiegel.de/karriere/weihnachtsgeld-analyse-tarifbeschaeftigte-bekommen-mehr-a-4b0ea699-2f7b-438d-8838-4ec297a19f20.

89 Meldung in der *Tagesschau* vom 17. Mai 2022: https://www.tagesschau.de/wirtschaft/verbraucher/energie-kosten-ostdeutschland-101.html.

90 Meldung in der *Süddeutschen Zeitung* vom 28. September 2022: https://www.sueddeutsche.de/politik/geschichte-nur-vier-von-zehn-ostdeutschen-zufrieden-mit-der-demokratie-dpa.urn-newsml-dpa-com-20090101-220928-99-931386.

91 Vgl. https://leadership-berlin.de/blog/2022/09/26/leadership-talk-zur-unterrepraesentanz-von-ostdeutschen-in-fuehrungs-positionen/.

92 Vgl. Habermas: 30 Jahre danach, S. 53 f.: »Die ostdeutsche Bevölkerung hatte weder vor 1989 noch nachher Zugang zu einer eigenen politischen Öffentlichkeit, in der konfligierende Gruppen hätten eine Selbstverständigungsdebatte führen können. [...] Das betrifft die fehlende Öffentlichkeit nach 1989. Denn damals hat sich zwar die Öffentlichkeit der Bundesrepublik für ihre neuen Bürger geöffnet, diesen blieb aber eine eigene Öffentlichkeit verwehrt.«

93 Schulze: Der Amerikaner, der den Kolumbus zuerst entdeckte ..., S. 300.

94 Insofern gilt Odo Marquards berühmter Satz »Zukunft braucht Herkunft« *nicht*, wenn man die falsche Herkunft hat.

95 Rosenlöcher: Ostgezeter, S. 13.

96 Ebd., S. 12.

97 Vgl. *Die Welt* vom 5. Februar 2018: https://www.welt.de/politik/deutschland/article173216673/Bestseller-Autor-Daniel-Kehlmann-warnt-vor-Aufstieg-der-Rechten-in-Deutschland.html. Zuletzt aufgerufen am 1. Dezember 2022.

98 Vgl.: https://www.deutschlandfunkkultur.de/weimar-gedaechtnisort-symposium-100.html.

99 Vgl. https://www.pressreader.com/germany/hamburger-morgenpost/20160222/page/1.

100 Kraske: Der Riss, S. 55.
101 Vgl. https://www.youtube.com/watch?v=du2nIqy0Hjw.
102 Kraske: Der Riss, S. 19.
103 Zur Stützung dieser Aussage sehe man sich nur das »Wirken« der Treuhand-Anstalt an. Vgl. dazu Marcus Böick: Die Treuhand. Idee – Praxis – Erfahrung 1990–1994. Göttingen 2018.
104 Lessenich: Neben uns die Sintflut, S. 25.
105 Lessenich: Grenzen der Demokratie, S. 89.
106 https://www.youtube.com/watch?v=7EK6oE9kwVY.
107 https://www.youtube.com/watch?v=UT28beRbfec.
108 Vgl. u. a. die Meldung in *Die Welt* vom 3. August 2013. Dort heißt es: »Laut einem Bericht der *Süddeutschen Zeitung* (SZ) vom Samstag mit Verweis auf die bislang unveröffentlichte Studie »Doping in Deutschland« der Humboldt-Universität (HU) Berlin soll das Programm abgesehen von umfangreichen Dopingforschungen – der Bericht spricht von 516 vom Bundesinstitut für Sportwissenschaft (BISp) finanzierten Forschungsvorhaben – weit über die bisher bekannten Fakten hinausgegangen sein. Die 800 Seiten umfassende Studie war 2008 vom Deutschen Olympischen Sportbund (DOSB) initiiert worden und liegt der SZ nach eigenen Angaben in einer Version aus dem Jahr 2012 vor.« Vgl. außerdem: Hormone und Hochleistung. Doping in Ost und West. Hg. v. Klaus Latzel und Lutz Niethammer. Köln / Weimar / Wien 2008.
109 Meldung *Thüringer Allgemeine* vom 27. Februar 2021.
110 Es lohnt sich, das direkt zu zitieren, um das Ausmaß der ressentimentgeladenen Verwirrung zu veranschaulichen: »Unter unwirtlichen Gegebenheiten, in einer Atmosphäre der Trostlosigkeit mußte die DDR-Bevölkerung (Der Osten) fortlaufend ihr Leben fristen. Auf niedrigem Bildungsniveau wurden die Bürger zu Autoritätshörigkeit bis hin zu Charakterverformungen abgerichtet, zu Befehlsempfängern einer Repressionsmaschinerie nahezu ohne Lebensfreude. Wenn auch nach Vollzug der Deutschen Einheit sich die Äußerlichkeiten mehr oder minder rasch dem Westen anglichen; das innere Befinden eines Großteils der Menschen im Osten blieb leider bis heute unlösbar. Menschen, die mit Lüge, Bespitzelung und Denunziantentum aufgewachsen sind; bei denen mußten sich Gehemmtheit, Angst und Mißtrauen hin bis zu massiven psychischen Schädigungen entwickeln. Solche Veränderungen in der psychischen Struktur haben Einfluß und Auswirkung auf nächste

Generationen. Vor diesem Hintergrund werden sich nur schwer selbstbewußte, weltläufige und qualifizierte Persönlichkeiten herausbilden lassen. Nur derjenige, der über eine in Freiheit erworbene Bildung verfügt, eine gewisse Redegewandtheit und Debattenkultur beherrscht, kann bei Entscheidungen in unserem Land mitbestimmen.[...] Solange Sie als Hochschullehrer in Anspruch nehmen, Ihre an den Westen gerichteten Haßtiraden an die Öffentlichkeit zu bringen und vermutlich ebenso der Studentenschaft im Osten kundgeben, bestärken Sie bei mir eine Gewißheit, daß vielleicht doch die Köpfe im Osten das Vermächtnis der letzten Diktatur auf deutschen Boden noch in sich tragen.« So und ähnlich klang es bei Baring, später bei Laschet. *Mainstream*?

111 Die Leserbriefe sind unter folgendem Link zugänglich: https://www.faz.net/aktuell/politik/briefe-an-die-herausgeber/leserbriefe-vom-10-februar-2022-17792503.html. Zuletzt aufgerufen am 1. 12. 2022.

112 Meldung von MDR aktuell vom 15. September 2022: https://www.mdr.de/nachrichten/deutschland/politik/deutsche-haben-immer-mehr-autos-zweit-dritt-wagen-100.html.

113 Zitiert nach Carsten Korfmacher: Gerecht ist anders – Warum der Osten weiter abgehängt wird. *Nordkurier* vom 6. August 2020. Dort finden sich auch die Tabellen und Übersichten mit den Angaben der Deutschen Bundesbank: https://www.nordkurier.de/mecklenburg-vorpommern/gerecht-ist-anders-warum-der-osten-weiter-abgehaengt-wird-0640266908.html.

114 Für die Zahlen vgl. https://www.l-iz.de/politik/kassensturz/2021/03/quartalsbericht-4-2020-armut-und-reichtum-in-leipzig-382308.

115 Meldung in der LVZ vom 22. Oktober 2022.

116 Vgl. https://www.zeit.de/1990/45/die-deutsche-gesinnungsaesthetik. Zuletzt aufgerufen am 1. 12. 2022.

117 Zum Vergleich sehe man sich die aufschlussreiche Abrechnung Jurek Beckers mit der Mittelmäßigkeit der deutschen Literatur seit 1945 an, die er in den Frankfurter Poetik-Vorlesungen im Sommer 1989, also unmittelbar vor dem Fall der Mauer, geliefert hat. In der ersten Vorlesung zerlegt er die DDR-Literatur, die aufgrund von Zensur nichts tauge, in der zweiten Vorlesung zerlegt er die BRD-Literatur, die aufgrund von Marktförmigkeit nichts tauge, in der dritten setzt er sich mit der Frage auseinander, ob Literatur überhaupt noch einen

Zweck erfülle, eine Frage, die er natürlich bejaht. Vgl. Becker: Warnung vor dem Schriftsteller.

118 Zur Wahrheit gehört natürlich auch, dass ich selbst erst im akademischen Jahr 2022/2023 zum ersten Mal überhaupt in 25 Jahren akademischer Lehre ein Seminar zur DDR-Literatur angeboten habe. Freilich mit gutem Grund. Erst hatte ich überhaupt keine Lust mehr auf DDR-Literatur, weil ich endlich die Weltliteratur und die moderne Philosophie möglichst breit kennenlernen wollte. Später war es eine strategische Entscheidung. Denn als mir Anfang der Neunzigerjahre allmählich klar wurde, dass ich unbedingt Literaturwissenschaftler werden möchte, war mir intuitiv ebenfalls *sofort* klar, dass ich quasi *niemals* in meiner wissenschaftlichen Arbeit mit DDR-Literatur zu tun haben darf, wenn ich in diesem System eine Chance haben will. Niemand sollte mir unterstellen können, ich würde mich in einer Nische einrichten und als »Stammesangehöriger« nur für »Stammesliteratur« zuständig sein wollen. Aus diesem Grund habe ich mich in Forschung und Lehre ganz auf »unverdächtige« kanonische Autoren und Epochen konzentriert, z. B. Schiller und Kleist, Kafka und Benjamin, also Literatur um 1800 und Klassische Moderne. Und tatsächlich hat seit 1990 niemand im Fach eine reguläre Professur bekommen, wenn DDR-Literatur zu seinen oder ihren Hauptforschungsfeldern gehört(e)! Die Literatur der DDR ist im öffentlichen Raum genauso vergiftet wie eine ostdeutsche Herkunft und scheinbar alles, was in irgendeiner Art und Weise damit in Verbindung zu bringen ist.

119 Hein / Faber: Der Briefwechsel, S. 85.

120 Hein: Der Neger. In: Gegenlauschangriff, S. 107–121, hier S. 112.

121 Vgl. dazu auch Han: »Das neoliberale Regime beutet die Moral aus. Die Herrschaft vollendet sich in dem Moment, in dem sie sich als Freiheit ausgibt.« Und weiter: »Es wird heute unentwegt und unablässig moralisiert. Gleichzeitig verroht aber die Gesellschaft. Höflichkeiten verschwinden. Der Kult der Authentizität missachtet sie. […] Man könnte sogar sagen: Je moralisierender eine Gesellschaft ist, desto unhöflicher ist sie.« Han: Vom Verschwinden der Rituale, S. 27 und 83 f.

122 Zu dem ganzen Komplex sehr erhellend Paul Kaiser: Langblühende Konfliktfelder. Der Maler Willi Sitte, das Kunstmuseum Moritzburg Halle (Saale) und der Bilderstreit um die ostdeut-

sche Kunst. In: Sittes Welt. Willi Sitte: Die Retrospektive. Hg. v. Christian Philipsen u. a. Leipzig 2021, S. 15–26.

123 Beaucamp: Jenseits der Avantgarden, S. 29.

124 Ebd., S. 59.

125 Ebd., S. 133.

126 Vgl. https://www.zeit.de/2019/21/kunstfreiheit-linke-intellektuelle-globalisierung-rechte-vereinnahmung/komplettansicht.

127 Ullrich: Feindbild werden, S. 7.

128 Ebd.

129 Ebd.

130 Ebd., S. 8.

131 https://www.welt.de/kultur/plus196453027/Neo-Rauch-und-Rosa-Loy-Der-Feldherrenhuegel-der-Genossin-Kahane.html.

132 Vgl. Pabst: Post-Ost-Moderne, S. 393–436.

133 Vgl. dazu v. a. Horst Bredekamp: Der Künstler als Verbrecher (2008).

134 Ullrich: Feindbild werden, S. 86.

135 Auf diese Ungeheuerlichkeit hat im Oktober 2022 erst Georg Baselitz mit einem offenen Brief aufmerksam machen müssen. Daraufhin hat der Kunsthistoriker Christian Fuhrmeister das Zeigen solcher Bilder mit dem Hinweis gerechtfertigt, dass man sich anders nicht damit auseinandersetzen könne. Vgl. *SPIEGEL*-Interview vom 5. Oktober 2022: »Wir haben einen Konsens des Verschweigens.«

136 Um dafür noch ein aktuelles Beispiel zu geben: Unter dem Titel »Russische Kollektivschuld? Warum Völkerhass niemals nützlich sein kann« hat der Schriftsteller Eugen Ruge am 3. November 2022 einen komplexen, hochgradig differenzierten Beitrag veröffentlicht zum Krieg Putins gegen die Ukraine und die Möglichkeiten Europas, damit umzugehen. Vgl. https://www.faz.net/aktuell/feuilleton/debatten/eugen-ruge-zum-ukraine-krieg-die-russen-sind-nicht-kollektiv-schuldig-18431598.html?premium). Postwendend, nämlich in der *FAZ* vom 7. November 2023, wurde er dafür von dem Publizisten Gerd Koenen gerügt und in die DDR zurückgeschickt. Das liest sich dann in seiner ganzen Herablassung und Perfidie so: »Diese reichlich monochrome Wahrnehmung (für die man sich schwertut, Belege zu finden) wird man symptomatisch nehmen müssen. Auch ein so ironisch-genauer Beobachter der von der Einheitspartei geprägten DDR-Mentalitäten wie Eugen Ruge entkommt offenbar nicht den eigentümlichen Wahrnehmungs-

verengungen und Gefühlsverwirrungen, in die ein Teil der verstärkt sich wieder als ›Ostdeutsche‹ definierenden Bewohner der neuen Bundesländer im Konflikt mit Putins Russland verfällt. Darin wird eine Melange widerstreitender Sentimente und Ressentimente sichtbar, die in erster Linie einer Entfremdung von der westlich geprägten Mehrheitskultur entspringen dürfte – nicht unähnlich den Gefühlslagen eines Gutteils der zugewanderten ›Russlanddeutschen‹, die sich per Abstammung oder Lebenskultur ihrerseits als ›Halbrussen‹ sehen.«Vgl. https://www.faz.net/aktuell/feuilleton/falscher-alarm-vor-hass-auf-russen-verwirrung-der-gefuehle-18440932.html?premium.

137 Kertész: Die exilierte Sprache, S. 40.

138 Vgl. Hendrik Bolz: Nullerjahre (2022), Daniel Schulz: Wir waren wie Brüder (2022), Domenico Müllensiefen: Aus unseren Feuern (2022).

139 Vgl. dazu ausführlich Kowalczuk: Die Übernahme, S. 65–82.

140 Foucault: Die Ordnung des Diskurses, S. 30.

141 Dieses Phänomen der »Herkunftsscham« gibt es natürlich auch in anderen, aber letztlich verwandten Zusammenhängen. Vgl. etwa Ernaux: Der Platz (1983) und Die Jahre (2008); Eribon: Rückkehr nach Reims (2009) und Gesellschaft als Urteil (2013). Bei Saša Stanišić heißt es im Blick auf gängige Vorurteile: »Ich schrieb der Ausländerbehörde: Ich bin Jugo und habe in Deutschland trotzdem nie etwas geklaut, außer ein paar Bücher auf der Frankfurter Buchmesse.« Stanišić: Herkunft, S. 10. Er verwahrt sich gegen eine »Fetischisierung der Herkunft« und setzt »Selbstbewußtsein gegen Fremdbestimmung«. Ebd., S. 221 und 234. Botho Strauss hingegen hatte keine Sorgen mit fehlender gesellschaftlicher Anerkennung, sondern war immer nur bemüht, »den Wohlstand zu überstehen«. Strauss: Herkunft, S. 94. Der doppelt vertriebene Gerhard Neumann – vertrieben erst aus der Tschechoslowakei, dann aus der sowjetischen Besatzungszone – schreibt zur Frage der Herkunft: »Ich habe dort, in diesem thüringischen Dorf, verlernt, von dieser meiner Vergangenheit, die mich doch gebildet hatte, zu sprechen; einer Vergangenheit, die auf einmal Lüge sein sollte, Ungeglaubtes, Angeberei, eine immer weiter entfernte und verkommene Welt. Alles Glück, alles Reiche und Schöne dieses Kindseins, wie ich es vor der Vertreibung erlebt hatte. Auf einmal ausgetilgt aus mir; es gab nur diesen Weg

nach vorn, den ich mir zu schaffen meinte, weg von den ›Landsmannschaften‹, den Flüchtlingsausweisen und sporadischen Unterstützungen, die ich nicht mehr wollte, weil sie mir meine Erinnerungen vergifteten. Damals habe ich geglaubt, mir einen Weg suchen zu müssen, der von all dem fortgeht, was durch meine Herkunft geprägt ist.« Neumann: Selbstversuch, S. 155. Siehe außerdem J. D. Vance: Hillbilly Elegy (2016) sowie Julia Reuter u. a. (Hg.): Vom Arbeiterkind zur Professur. Sozialer Aufstieg in der Wissenschaft. Bielefeld 2020.

142 Gründe dafür benennt Mau: Lütten Klein, S. 134–137.

143 Lessenich: Grenzen der Demokratie, S. 29.

144 Honneth / Rancìere: Anerkennung oder Unvernehmen?, S. 166.

145 Rancière: Das Unvernehmen, S. 57.

146 Zum Begriff des »Lärms« vgl. ebd., S. 34 f.

147 Derzeit gibt es im Osten nur sieben Bundesbehörden, die obendrein natürlich alle von Westdeutschen geleitet werden. Längst müssten es den ursprünglichen Beschlüssen gemäß über 20 solcher Behörden sein. Und von insgesamt 217 Bundeseinrichtungen haben 194 ihren Sitz im Westen. Zum »guten Schluss« sei noch ein dazu passender exemplarischer Vorgang erwähnt, der das ungeheure Ausmaß der Verhöhnung anschaulich werden lässt. Laut einem Bundestagsbeschluss vom Herbst 2018 sollte in Leipzig das »Forum Recht« angesiedelt werden, ein Kommunikations-, Informations- und Dokumentationszentrum, in dem Recht, Rechtsstaat und Rechtsgeschichte erfahrbar gemacht werden. Anfang 2019 kippte das seinerzeit von der SPD geführte Bundesjustizministerium den Beschluss und liquidierte den Standort Leipzig und mit ihm den Osten, der keinerlei Lobby hat. Stattdessen wurde Karlsruhe als neuer Standort bestimmt. Erst eine massive Intervention von Leipziger Seite führte zu einer Änderung dieser Entscheidung – aber keineswegs zu einer Rückkehr zum alten Beschluss. Beide Städte bekommen jetzt ein solches Forum. Während Karlsruhe dafür aber 70 Millionen Euro erhält, sind es für Leipzig nur 45 Millionen Euro. Wieder wurde der Osten düpiert. Dass die politischen Institutionen mit solchen Praktiken die Demokratie unterhöhlen, versteht sich.

Dank

Zuerst möchte ich Matthias Landwehr für die Einladung danken, dieses Buch zu schreiben, und Karsten Kredel für die Möglichkeit, es im Ullstein Verlag zu publizieren. Bei meiner Lektorin Maria Barankow wiederum bedanke ich mich für die exzellente Begleitung des Projekts. Darüber hinaus bedanke ich mich für die ebenso zahlreichen wie vielfältigen Anregungen, Hinweise und Ermunterungen von überall her sowie für die mir zugesandten Artikel, Studien, Bücher und Geschichten, die mir das Ausmaß des Unrechts, in dem der Osten diskursiv und faktisch gehalten wird, lebendig vor Augen geführt haben.

Ohne meine Freunde hätte ich das Buch freilich nicht schreiben können. Da wir, ob gewollt oder nicht, alle frei flottierende moderne Subjekte sind, lebt natürlich niemand mehr am Ort seiner oder ihrer Geburt. *For better or worse*: Wir sind Teil jener *anywheres*, für die in den westlichen Demokratien Politik gemacht wird, damit sie ihr Leben auf Kosten der *somewheres* führen können. Was uns ausmacht, ist nicht die Herkunft. Was uns ausmacht, ist das, was wir gemacht haben und machen, egal aus welcher Himmelsrichtung wir einst kamen: Stefan Beck, Matthias Bormuth, Daniel Fulda, Sabine Griese, Eva Haude, Silke Horstkotte, Anja Kublick, Stefan Matuschek, Terence J. Reed, Thomas Schmidt, Tina Simon und Leif Steguweit. Für ihre kritischen Lektüren gebührt mein größter Dank Andreas Ohme, Stephan Pabst, Gerhard Richter, Ingo Schulze, Jan Urbich und, wie immer, Frau Müller.